WISO kompakt

Wirtschafts- und Sozialkunde zur Prüfungsvorbereitung für Verkäuferinnen und Verkäufer

In drei Kapiteln, jeweils mit

- **Prüfungsanforderungen**
- **Prüfungsstoff**
- **Multiple-Choice-Aufgaben**

von Christine Moos und Josef Moos

Handwerk und Technik • Hamburg

Bildquellenverzeichnis

Bundesanstalt für Landwirtschaft und Ernährung, Bonn: S. 56/2

DIN Deutsches Institut für Normung e. V., Berlin: S. 53; 86; 93/1-6

Shutterstock Images LLC, New York, USA: S. 20 (Ikonoklast Fotografie); 26 (alphaspirit); 28 (Sebastian Duda); 33 (Bacho); 40 (Andrey_Popov); 93/7 (Arcady)

Umweltbundesamt, Dessau: S. 56/1,3; 58; 85

ISBN 978-3-582-01810-6 Best.-Nr. 1810

Verlag Handwerk und Technik GmbH,
Lademannbogen 135, 22339 Hamburg; Postfach 63 05 00, 22331 Hamburg – 2020
E-Mail: info@handwerk-technik.de – Internet: www.handwerk-technik.de

Satz und Layout: pagina GmbH – Publikationstechnologien, 72070 Tübingen
Umschlagmotiv: stock.adobe.com: 1 (tl6781), 2 (Max Braszat); Shutterstock Images LLC, New York, USA: 3 (AVIcon)
Druck: DZA Druckerei zu Altenburg GmbH, 04600 Altenburg

Vorwort

Gebrauchsanweisung für dieses Buch

Dieses kompakte Prüfungsbuch wird Sie bei der Vorbereitung im Prüfungsbereich Wirtschafts- und Sozialkunde ideal unterstützen.
Nicht alles, was Sie in der Berufsschule im Fach Wirtschafts- und Sozialkunde gelernt haben, wird von der zuständigen Stelle, der Industrie- und Handelskammer, geprüft, sondern nur das, was in der VerkEHKflAusbV steht. Die VerkEHKflAusbV ist die Verordnung über die Berufsausbildungen zum Verkäufer und zur Verkäuferin sowie zum Kaufmann im Einzelhandel und zur Kauffrau im Einzelhandel.

In Wirtschafts- und Sozialkunde müssen Sie ca. 30 Multiple-Choice-Aufgaben in folgenden drei Bereichen lösen:

1. wirtschaftliche Grundbegriffe,
2. rechtliche Rahmenbedingungen,
3. menschliche Arbeit im Betrieb.

Das vorliegende Aufgabenbuch folgt in der Gliederung diesen drei Prüfungsgebieten mit ihren jeweiligen Teilgebieten. Damit ist im Fach Wirtschafts- und Sozialkunde der gesamte Prüfungsstoff abgedeckt.

Wichtig:
Der Prüfungsbereich Wirtschafts- und Sozialkunde trägt zwar „nur" zu 10 % zum Gesamtergebnis bei, doch dürfen Sie nicht die Note „ungenügend" erzielen, denn sonst haben Sie die Abschlussprüfung nicht bestanden. Wenn Sie in der Abschlussprüfung in Wirtschafts- und Sozialkunde nur die Note „mangelhaft" erreichen, können Sie eine mündliche Ergänzungsprüfung ablegen. Näheres hierzu regelt die VerkEHKflAusbV.

Wie arbeiten Sie am wirkungsvollsten mit diesem Buch?

Arbeiten Sie den Inhalt des ersten Unterkapitels „1.1 Bedürfnisse und Bedarf" durch und lösen Sie die dazu angebotenen Multiple-Choice-Fragen. Vergleichen Sie Ihre Lösungen mit den richtigen Lösungen. Für alle Multiple-Choice-Aufgaben nach den einzelnen Kapiteln in diesem Buch gilt:

- Es ist jeweils nur eine Auswahlantwort richtig.
- Beachten Sie bei einigen Fragen die abweichende Fragestellung.
- Lösen Sie die angebotenen Aufgaben in einem Zug, ohne im Textteil nachzusehen.
- Überprüfen Sie dann Ihre Lösungen.
- Waren Antworten falsch angekreuzt, arbeiten Sie den Textteil nochmals durch. Auch in der Prüfung werden Sie fast ausschließlich Multiple-Choice-Aufgaben lösen.

Wie geht es weiter?

Arbeiten Sie nach diesem Vorgehensmuster alle weiteren Teilgebiete durch – idealerweise zwei bis drei pro Woche – und lösen Sie die dazugehörigen Aufgaben. Bearbeiten Sie eine Woche vor der Abschlussprüfung in Wirtschafts- und Sozialkunde die Musterprüfungssätze am Ende des Buches – jeden Tag einen Aufgabensatz. Die Lösungen dazu finden Sie ebenfalls am Ende des Buches.
Wenn Sie diese Gebrauchsanweisung beachten, dann sind Sie fit für die Prüfung in WISO.

Wie können Sie dieses Arbeitsbuch noch sinnvoll nutzen?

Sie finden hier eine knappe Zusammenfassung des Stoffes für Ihre Prüfungsvorbereitung zur Abschlussprüfung in WISO. Zusätzlich können Sie dieses Buch vom ersten Ausbildungsmonat an benutzen, um parallel zum Unterricht in der Berufsschule wichtige Inhalte nachzulesen, zu festigen, laufend zu wiederholen und Ihr Wissen anhand der Aufgaben selbst zu überprüfen. Wenn Sie von Beginn der Ausbildung an mit diesem Buch arbeiten, haben Sie weniger „WISO-Stress" in den Wochen unmittelbar vor Ihrer Abschlussprüfung.

Inhaltsverzeichnis

1 Wirtschaftliche Grundbegriffe

Prüfungsgebiet	Themenbereiche	Prüfungsinhalte
In der Abschlussprüfung WISO müssen Sie im Prüfungsgebiet „Wirtschaftliche Grundbegriffe" Aufgaben zu folgenden Themenbereichen bearbeiten:	Bedürfnisse und Bedarf	Bedürfnisarten, Bedarfsdeckung
	Güter in der Wirtschaft	Freie und Wirtschaftsgüter
	Wirtschaftssektoren	Primär-, Sekundär- und Tertiärbereich
	Aufgaben des Einzelhandels	Funktionen auf dem Absatzweg von Erzeugnissen
	Wirtschaftsprinzip	• Unternehmensziele • Ökonomisches Prinzip
	Wirtschaftskreislauf	Betriebe, Staat und Verbraucher
	Der Markt und seine Funktionen	Bedarfsdeckung durch Angebot und Nachfrage, Preisbildung
	Wettbewerb, Kooperation und Konzentration in der Wirtschaft	• Gesetzliche Regelungen • Überbetriebliche Zusammenarbeit • Konzerne und Monopole • Franchising
	Arbeitsteilung	Formen der Arbeitsteilung

1.1 Bedürfnisse und Bedarf

Alle Menschen brauchen von Geburt an zumindest Nahrung, Kleidung, Wohnung und soziale Zuwendung. Diese Grundbedürfnisse wachsen mit den Lebensjahren und es kommen neue Bedürfnisse hinzu, sie unterliegen aber auch einem steten Wandel und hängen von Einkommen, Vermögen, sozialem Status und Kulturkreis ab.

Die Bedürfnisse eines Menschen lassen sich in Form einer Pyramide darstellen. Eine nächsthöhere Stufe kann oft erst erreicht werden, wenn die Bedürfnisse in der Stufe darunter abgedeckt sind. Nach oben hin nimmt auch die Dringlichkeit ab, d. h. der Mensch kann gegebenenfalls darauf verzichten.

Die Bedürfnisse lassen sich auch nach Dringlichkeit, Gegenstand und Befriedigungsmöglichkeiten unterscheiden.
Offene Bedürfnisse, z. B. der Wunsch, ein aktuell angesagtes iPhone zu besitzen, erzeugen ein Gefühl des Mangels und einen Bedarf, d. h. einen dringenden Wunsch. Sie münden in eine Nachfrage, z. B. nach dem neuesten iPhone. Diese kann aber nur erfüllt werden, wenn

- der oder die Bedürftige genügend Kaufkraft hat,
- die Wirtschaft das Gut oder die Dienstleistung auch anbieten kann.

Ist ein offenes Bedürfnis erfüllt, hält die Bedürfnisbefriedigung oft nicht lange an.
Beispiel: Das Bedürfnis nach einem Burger ist erfüllt, wenn der Konsument satt ist, aber nur bis zum nächsten Hungergefühl.

Der zentrale Ort, an dem Bedarfe zur Nachfrage werden und auf ein Angebot treffen können, ist der Markt. In einer funktionierenden Volkswirtschaft sorgen die Unternehmen durch ein vielfältiges Angebot auf dem Markt für die Bedürfnisbefriedigung. Der Marktpreis bildet sich durch Angebot und Nachfra-

Unterscheidung nach	Arten der Bedürfnisse	Zeigt sich als	Kann befriedigt werden durch
Dringlichkeit	Primäre Bedürfnisse	Durst, Hunger	Getränke, Nahrung
	Sekundäre Bedürfnisse	Wunsch nach Erholung	Freizeit, Urlaub
Gegenstand	Materielle Bedürfnisse	Wohnraum	Wohnungsangebot
	Immaterielle Bedürfnisse	Schutz in der Wohnung	Türschloss, Hausratversicherung
Möglichkeiten, die Wirtschaft und Gesellschaft bereit halten	Individuelle Bedürfnisse	Hunger, Durst	Nahrungsangebot auf dem Markt
	Kollektive Bedürfnisse	Bildungsmöglichkeiten, soziale Sicherung	Bildungseinrichtungen, Angebot an Sozialversicherungen

Bedürfnis nach Selbstverwirklichung
steigert die Lebenszufriedenheit und ist primär intrinsisch (= nach innen wirkend).

Kulturbedürfnisse
sind Sekundärbedürfnisse, z. B. Kino, Theater. Sie steigern die Lebensqualität, sind Wahlbedürfnisse und vom Kulturkreis abhängig, in dem ein Mensch lebt.

Luxusbedürfnisse
z. B. ein Premium-Pkw. Sie verschaffen Ansehen, sind Wahlbedürfnisse, aber entbehrlich.

Sicherheitsbedürfnisse
z. B. sichere Altersversorgung. Sie sollen befriedigt werden und setzen dann Kaufkraft für höhere Bedürfnisse frei.

Grundbedürfnisse
sind Primärbedürfnisse, z. B. Kleidung, Nahrung, Wohnung. Sie sind gegenständlich und lebensnotwendig und müssen befriedigt werden, damit sich höhere Bedürfnisse überhaupt erst entwickeln können.

ge. Sind diese ausgeglichen, bildet sich ein Gleichgewichtspreis (siehe S. 19 *Markt und Marktfunktionen*).

Bei vielen Gütern und Dienstleistungen ist heute das Angebot größer als die Nachfrage, das stärkt die Stellung der Verbraucher. Allerdings wächst mit dem Überangebot und unhaltbaren Versprechungen die Gefahr, dass sich die Verbraucher zum Kauf von Gütern und Dienstleistungen verführen lassen, die sie sich aufgrund ihres Einkommens eigentlich nicht leisten können.

Was macht der Handel?
Der Handel verfügt über ein Bündel von Maßnahmen, um bei Menschen Bedürfnisse zu wecken und Waren sowie Dienstleistungen auch bei fehlender Kaufkraft der Kunden abzusetzen. Er benutzt dazu das Marketing, mit dem sich unbewusste Bedürfnisse wecken lassen, die in eine Nachfrage münden.

Bedürfnisse werden geweckt durch	Der Absatz kann bei fehlender Kaufkraft gefördert werden durch
• aggressive Werbung in allen Medien, • Product-Placement in Film, Fernsehen und sozialen Medien, • Einsatz und Unterstützung von Influenzern in den sozialen Medien, • Verbinden von Lebensgefühl mit dem Besitz bestimmter Güter, • Einsatz von Publikumslieblingen zur Absatzförderung.	• Aufschub des Zahlungstermins, • Ratenzahlungen mit geringer Tilgung, • Konsumentenkredite mit scheinbar sehr niedrigen Zinsen, • Bindung durch langfristige Verträge und Kundenabos, • Verschleierung von zusätzlichen Kosten, • Verringern des Aufwands beim Kauf, z. B. durch Online-Bestellung, kostenlose Zustellung und Rücksendung von Waren.

Kurz zusammengefasst:
1. Bedürfnisse erzeugen einen Bedarf, führen zu einer Nachfrage und oft zur Bedürfnisbefriedigung.
2. Funktioniert die Wirtschaft, trifft die Nachfrage auf dem Markt auf ein Angebot.
3. Angebot und Nachfrage regeln die Preise auf dem Markt.
4. Es gibt zahlreiche Maßnahmen der Wirtschaft, um Bedürfnisse zu wecken.

Bearbeiten Sie jetzt die Aufgaben 1 bis 9: Bedürfnisse und Bedarf.

Multiple-Choice-Aufgaben

1. Auf welches Bedürfnis könnte ein Mensch verzichten?

1. Nahrung ☐
2. Kleidung ☐
3. Wohnung ☐
4. Bildung ☐
5. Urlaubsreise ☐

2. Was zeigt die Bedürfnispyramide?

1. Jeder Mensch hat Luxusbedürfnisse. ☐
2. Es müssen immer erst die Grundbedürfnisse abgedeckt werden. ☐
3. Für Nahrung, Kleidung und Wohnung sorgt die Gesellschaft. ☐
4. Die Sicherheitsbedürfnisse erfüllt der Staat. ☐
5. Die Bedürfnisse hängen vom Alter ab. ☐

3. Was trifft für Bedarf und Bedürfnis zu?

1. Je höher der Bedarf, desto höher das Bedürfnis. ☐
2. Der Bedarf an Gütern und Dienstleistungen ist für alle gleich. ☐
3. Aus einem Bedürfnis wächst ein Bedarf. ☐
4. Bedürfnisse verschwinden mit zunehmendem Alter. ☐
5. Feinkostgeschäfte erfüllen ausschließlich Luxusbedürfnisse. ☐

4. In welchem Fall liegt ein kollektives Bedürfnis vor?

1. Soziale Sicherung ☐
2. Nahrung ☐
3. Kleidung ☐
4. Wohnung ☐
5. Urlaub ☐

5. Bringen Sie die Wirkungskette in die richtige Reihenfolge von 1 bis 5:

1. Sättigungsgefühl ☐
2. Bestellung ☐
3. Verzehr ☐
4. Wunsch nach einem Döner ☐
5. Hunger ☐

6. Welche Aussage trifft nicht zu?

1. Das Bedürfnis nach Luxus nimmt mit steigendem Einkommen zu. ☐
2. Die Grundbedürfnisse sind im Wesentlichen konstant. ☐
3. Aus einem Bedürfnis kann ein Bedarf entstehen. ☐
4. Das Bedürfnis nach Bildung ist bei Azubis wenig ausgeprägt. ☐
5. Bedürfnisse können das verfügbare Einkommen übersteigen. ☐

7. Welche Maßnahme weckt am wenigsten ein Bedürfnis?

1. Aggressive Werbung ☐
2. Absatzförderung mit Hilfe von Spitzensportlern ☐
3. Absatzförderung mit Hilfe von Influenzern in sozialen Medien ☐
4. Telefonmarketing ☐
5. Anzeige in Wochenzeitungen ☐

8. Welchen Zweck verfolgt das Angebot von Ratenzahlungen für Konsumgüter?

1. Bedürfnisbefriedigung trotz fehlender finanzieller Mittel ☐
2. Versorgung der Verbraucher mit Konsumgütern ☐
3. Konsum ohne Zahlungsverpflichtungen ☐
4. Steigerung des Lebensstandards der Konsumenten ☐
5. Steigerung der Lebensqualität der Konsumenten ☐

9. Welche Maßnahme fördert den Onlinehandel von DOB?

1. Möglichkeit der Ratenzahlung ☐
2. Beratung über Hotline ☐
3. Größere Auswahl als im Ladengeschäft ☐
4. Kostenlose Rücksendung von nicht passender Ware ☐
5. Niedrigere Preise ☐

1.2 Güter in der Wirtschaft

Güter dienen den Menschen zur Bedürfnisbefriedigung. Weil die Bedürfnisse sehr vielfältig und auch individuell sind, wird zu ihrer Befriedigung eine Vielzahl von Gütern benötigt.
Güter lassen sich unterscheiden in:

Freie Güter	Wirtschaftsgüter
• sind unbegrenzt vorhanden, • können sofort genutzt werden, • haben keinen Preis, • können von jedem genutzt werden, z. B. Sonne, Luft.	• sind knapp und nur begrenzt vorhanden, • müssen oft erst verarbeitet („veredelt“) werden, • haben einen Preis, der von Angebot und Nachfrage abhängt, • müssen durch Kauf auf dem Markt erworben werden, z. B. Lebensmittel, Pkw.

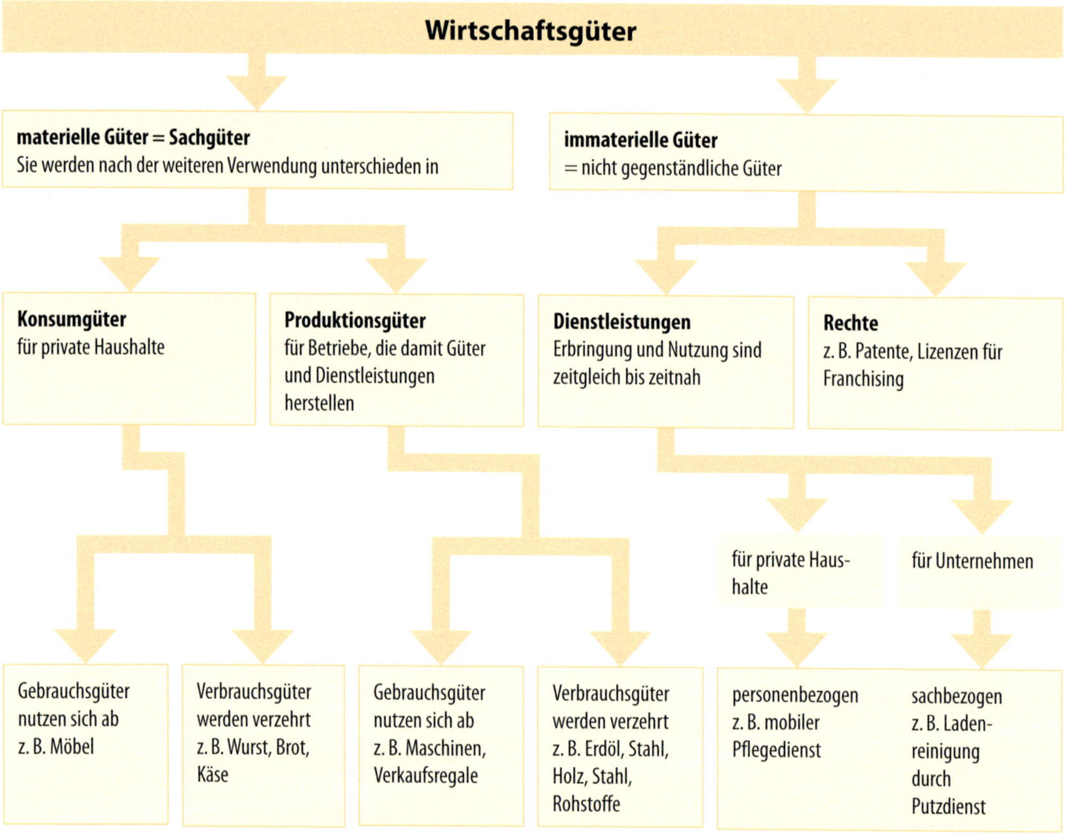

Wirtschaftsgüter

materielle Güter = Sachgüter
Sie werden nach der weiteren Verwendung unterschieden in

- **Konsumgüter**
  für private Haushalte
  - Gebrauchsgüter nutzen sich ab z. B. Möbel
  - Verbrauchsgüter werden verzehrt z. B. Wurst, Brot, Käse
- **Produktionsgüter**
  für Betriebe, die damit Güter und Dienstleistungen herstellen
  - Gebrauchsgüter nutzen sich ab z. B. Maschinen, Verkaufsregale
  - Verbrauchsgüter werden verzehrt z. B. Erdöl, Stahl, Holz, Stahl, Rohstoffe

immaterielle Güter
= nicht gegenständliche Güter

- **Dienstleistungen**
  Erbringung und Nutzung sind zeitgleich bis zeitnah
  - für private Haushalte → personenbezogen z. B. mobiler Pflegedienst
  - für Unternehmen → sachbezogen z. B. Ladenreinigung durch Putzdienst
- **Rechte**
  z. B. Patente, Lizenzen für Franchising

Kurz zusammengefasst:
1. Man unterscheidet freie Güter und Wirtschaftsgüter.
2. Sachgüter können zum Gebrauch oder Verbrauch bestimmt sein.
3. Dienstleistungen können personen- oder sachbezogen sein.
4. Im Dienstleistungssektor, dazu gehört auch der Einzelhandel, sind die meisten Arbeitnehmer beschäftigt.

Bearbeiten Sie jetzt die Aufgaben 1 bis 9: Güter in der Wirtschaft.

Multiple-Choice-Aufgaben

1. Welche Güter haben keinen Marktpreis?

1. Verbrauchsgüter, wie Obst bei einem Überangebot ☐
2. Gebrauchsgüter mit Mängeln ☐
3. Rechte an bekannten Marken wie Coca-Cola ☐
4. Zeitnahe Dienstleistungen wie Schneeräumen ☐
5. Freie Güter ☐

2. Welche Güter sind immateriell?

1. Rechte an Sachen ☐
2. Freie Güter ☐
3. Investitionsgüter ☐
4. Unverkäufliche Verbrauchsgüter ☐
5. Laptop mit Software in einem Homeoffice ☐

**3. Ein Kaufmann bestellt Druckerrollen für seine Scannerkassen.
Worum handelt es sich?**

1. Produktionsgut zum Gebrauch ☐
2. Produktionsgut zum Verbrauch ☐
3. Dienstleistung ☐
4. Lizenz des Kassenherstellers ☐
5. Konsumgut zum Gebrauch ☐

4. Was kennzeichnet Wirtschaftsgüter?

1. Sie haben hohe Preise. ☐
2. Sie sind knapp. ☐
3. Sie sind immer materiell. ☐
4. Damit werden Ressourcen verbraucht. ☐
5. Sie sind Gebrauchsgüter im Food-Sektor. ☐

5. Die Küchenausstattung eines Betriebscasinos ist:

1. Konsumgut und Gebrauchsgut. ☐
2. Konsumgut und Verbrauchsgut. ☐
3. Dienstleistungsgut. ☐
4. Produktionsgut und Verbrauchsgut. ☐
5. Produktionsgut und Gebrauchsgut. ☐

6. Die Dienstleistungen sind in der Bedeutung der Wirtschaftsgüter …

1. vernachlässigbar gering. ☐
2. zunehmend wichtig. ☐
3. gleichrangig mit den Rechten. ☐
4. nur dann relevant, wenn sie Kosten verursachen. ☐
5. im privaten Bereich von hoher Wichtigkeit. ☐

7. Regale im Ladengeschäft …

1. sind Sachgüter und Gebrauchsgüter. ☐
2. sind Produktionsgüter und Verbrauchsgüter. ☐
3. zählen zum privaten Bereich des Kaufmanns. ☐
4. sind Produktionsgüter und Gebrauchsgüter. ☐
5. sind keine Wirtschaftsgüter. ☐

**8. Ein Kaufmann lässt seine Geschäftsräume nach Ladenschluss von einer Fremdfirma reinigen.
Hier handelt es sich um …**

1. eine personenbezogene Dienstleistung. ☐
2. eine sachbezogene Dienstleistung. ☐
3. einen privater Auftrag. ☐
4. eine nebenberufliche Leistungserstellung. ☐
5. einen Verstoß gegen die Fürsorgepflicht für die Mitarbeiter. ☐

9. Der Preis von Wirtschaftsgütern …

1. ist abhängig vom Bedarf. ☐
2. wird von den Lieferanten festgelegt. ☐
3. bildet sich durch Angebot und Nachfrage. ☐
4. orientiert sich am Nutzen des Wirtschaftsguts. ☐
5. ist abhängig von der Lebensdauer des Guts. ☐

1.3 Wirtschaftssektoren

Produktionsformen = Wirtschaftssektoren		
Primärbereich (Urproduktion)	**Sekundärbereich (Verarbeitung)**	**Tertiärbereich (Dienstleistungen)**
Gewinnung der Rohstoffe	Veredelung der Rohstoffe Produktion von Sachgütern	Verteilung der produzierten Sachgüter sowie Dienstleistungen
• Anbaubetriebe wie Landwirtschaft, • Fischerei • Abbaubetriebe wie Montanindustrie, Erdöl- und Erdgasgewinnung	Produzierendes Gewerbe: • Handwerk (meist nach Kundenauftrag) • Industrie (Serienfertigung für einen anonymen Markt)	Z. B. Groß- und Einzelhandel, Verkehr, Logistik, Banken, Versicherungen, öffentlicher Dienst, Schulen, Hochschulen

Betrachtet man die Erzeugung und Verteilung von Gütern nach dem Ablauf, so lassen sich drei Produktionsformen unterscheiden. Man nennt sie auch die Wirtschaftssektoren, unterteilt in Primär-, Sekundär- und Tertiärbereich.

Der Weg vom Rohstoff bis zum Verbraucher und die Beteiligung der drei Produktionsformen lässt sich am Beispiel von Backwaren einfach nachvollziehen:

1. Urproduktion	**2. Dienstleistung**	**3. Verarbeitung**	**4. Dienstleistung**
Anbau von Weizen	Transport zu einer Mühle	Mahlen zu Mehl	Transport des Mehls zum Großhandel
5. Dienstleistung	**6. Verarbeitung**	**7. Dienstleistung**	**8. Dienstleistung**
Lagerung und Verkauf an eine Bäckerei	Backen von Brot	Transport zum Lebensmitteleinzelhandel	Verkauf an private Kunden

Unabhängig davon, was ein Betrieb herstellt, benötigt er in jedem Fall die drei Produktionsfaktoren Arbeit, Boden und Kapital.

Produktionsfaktoren		
Arbeit	**Boden (Natur)**	**Kapital**
• Wissen und Kenntnisse (geistige Arbeit) • Muskelkraft (körperliche Arbeit)	• Betriebsgelände (Standort) • Gebrauchsgüter • Rohstoffe • Verbrauchsgüter	• Geldkapital: z. B. Kassen- und • Bankbestand • Sachkapital: z. B. Maschinen, Anlagen, Gebäude

Der Handel hat eine große Bedeutung für die Verbindung der Produktionsfaktoren, denn er sorgt für den Austausch der Güter zwischen den Wirtschaftssektoren. Speziell der Einzelhandel besorgt auf eigene Rechnung Waren von den Produktionsbetrieben und bietet sie den privaten Verbrauchern an. Verkäuferinnen und Verkäufer haben dabei eine wichtige Mittlerfunktion.

In Deutschland müssen alle Unternehmen unabhängig von ihrer Art und Größe Mitglied einer regionalen Kammer sein. Handwerksbetriebe müssen in der zuständigen Handwerkskammer organisiert sein, Industriebetriebe in der regionalen Industrie- und Handelskammer. Handelsbetriebe, wie beispielsweise der Lebensmitteleinzelhandel, müssen immer Mitglied der regionalen Industrie- und Handelskammer sein. Deshalb legen Sie Ihre Abschlussprüfung als Verkäuferin oder Verkäufer bei der zuständigen Industrie- und Handelskammer ab. Diese führt auch ein Verzeichnis der Berufsausbildungsverträge.

Kurz zusammengefasst:

1. Man unterscheidet die drei Wirtschaftssektoren Urproduktion, Verarbeitung und Dienstleistung.
2. Für die Produktion von Gütern und Dienstleistungen sind immer die drei Produktionsfaktoren Arbeit, Boden und Kapital notwendig.
3. In Deutschland müssen alle Unternehmen Mitglied der zuständigen Handwerks- oder Industrie- und Handelskammer sein.

Bearbeiten Sie jetzt die Aufgaben 1 bis 9: Wirtschaftssektoren.

Multiple-Choice-Aufgaben

1. Was zählt zur Urproduktion?

1. Erlebnisreisen in Urwälder ☐
2. Erdölraffination ☐
3. Pkw-Produktion ☐
4. Anbau von Kartoffeln ☐
5. Vertrieb von Kartoffelerzeugnissen ☐

2. Welcher Wirtschaftszweig ist der größte in Deutschland?

1. Urproduktion ☐
2. Verarbeitung von Rohstoffen ☐
3. Dienstleistungssektor ☐
4. Staatsverwaltung ☐
5. Groß- und Einzelhandel ☐

3. In welchem Wirtschaftszweig spielt der Faktor Kapital die größte Rolle?

1. Ökologische Landwirtschaft ☐
2. Spedition ☐
3. Pizzaservice ☐
4. Shop- und Private-Cleaning ☐
5. Pkw-Herstellung ☐

4. Welcher Betrieb gehört zum tertiären Wirtschaftssektor?

1. Firma Hirnbeiss, Consulting und Personalentwicklung ☐
2. Firma Gutbeiss, Hersteller von Kartoffelprodukten ☐
3. Firma Seebär, Fischzucht ☐
4. Firma Span, Hersteller von Ladeneinrichtungen ☐
5. Josef Bierbichler, Landwirt ☐

5. Zu welchem Produktionsfaktor zählen die Geschäftsräume im Einzelhandel?

1. Geldkapital ☐
2. Boden ☐
3. Arbeit ☐
4. Sachkapital ☐
5. Geschäftskapital ☐

6. Welche Hauptfunktion hat ein Einzelhandelsunternehmen?

1. Versorgung der Haushalte mit Grundnahrungsmitteln ☐
2. Einkauf von Waren in großen Mengen und Verkauf in handelsüblichen Mengen ☐
3. Beratung von Privat- und Großkunden ☐
4. Anbieten von Dienstleistungen für Haushalte ☐
5. Lagern von Waren bis zum Verkauf ☐

7. Die Logistik …

1. ist ein eigener Wirtschaftssektor. ☐
2. wird dem Sektor zugerechnet, für den sie tätig ist. ☐
3. ist Teil des primären Sektors. ☐
4. ist Teil des sekundären Sektors. ☐
5. zählt zum tertiären Sektor. ☐

8. Einzelhandelsbetriebe …

1. müssen Mitglied der regionalen IHK sein. ☐
2. müssen Mitglied der regionalen HWK sein. ☐
3. können die Mitgliedschaft in einer Kammer frei wählen. ☐
4. müssen ihre Azubis bei der HWK registrieren lassen. ☐
5. sind beitragsfrei Mitglied der regionalen IHK. ☐

9. Wer führt das Verzeichnis der Berufsausbildungsverträge von Verkäuferinnen und Verkäufern?

1. Die Berufsschule ☐
2. Die regionale HWK ☐
3. Die regionale IHK ☐
4. Der Ausbildungsbetrieb ☐
5. Die Gewerkschaft ver.di ☐

1.4 Aufgaben des Einzelhandels

Der Weg eines Erzeugnisses vom Rohprodukt (z.B. Weizen) bis zur handelsfähigen Form (z.B. Brot) beschäftigt viele Wirtschaftssektoren. Am Ende steht der Dienstleistungsbetrieb Einzelhandel. Die Aufgaben und Funktionen des Einzelhandels sind vielfältig, abhängig von der Art und dem Warensortiment.

1. Raumausgleichsfunktion

Der Einzelhandel überbrückt die räumliche Distanz zwischen dem Produzenten und dem Verbraucher bzw. Verwender einer Ware. So erreichen die Verarbeiter Kunden unabhängig vom Ort der Herstellung. Kunden erhalten in einem Geschäft Erzeugnisse unterschiedlicher Art und Hersteller.

2. Zeitausgleichsfunktion

Der Einzelhandel erfüllt durch Lagerhaltung eine Ausgleichsfunktion zwischen dem Zeitpunkt der Verarbeitung und dem der Verwendung. Das gilt für Erzeugnisse, die saisonal hergestellt, aber laufend konsumiert werden, wie z.B. Obstkonserven. Es betrifft aber auch Erzeugnisse, die laufend (kontinuierlich) hergestellt, aber meist nur saisonal nachgefragt werden, wie beispielsweise Bademode.

3. Mengenausgleichsfunktion

Erzeugnisse werden oft industriell in großen Stückzahlen hergestellt, z.B. Teiglinge. Der Einzelhandel beschafft größere Mengen, bereitet sie auf und bietet sie dem Verbraucher in Kleinmengen an, z.B. frisch gebackene Brötchen.

4. Sortimentsbildungsfunktion

Während Hersteller oft auf wenige Erzeugnisse spezialisiert sind, z.B. Milchprodukte, bietet beispielsweise der Lebensmitteleinzelhandel den Verbrauchern ein komplettes und kundengerechtes Sortiment „unter einem Dach" an.

5. Beratungs- und Informationsfunktion

Die Hersteller, z.B. von Elektrokleingeräten, haben meist keinen direkten Kontakt zum Verbraucher, der umgekehrt oft keine Übersicht über das Angebot der unterschiedlichen Hersteller hat. Der Einzelhandel kann durch Sortimentsbildung eine Marktübersicht gewährleisten und darüber hinaus dem Verbraucher seine Warenkenntnisse in Form von Beratung anbieten.

6. Marktbeobachtungsfunktion

Der Einzelhandel ist durch den direkten Kontakt mit den Endverbrauchern und -nutzern über deren Wünsche zum Sortiment informiert, kann es entsprechend zusammenstellen und Anregungen an die Hersteller weitergeben.

7. Markterschließungsfunktion

Der Einzelhandel kann den Verbrauchern durch Absatzförderung und Sonderaktionen auf Anregung der Hersteller neue Erzeugnisse anbieten und so für die Produzenten neue Märkte erschließen.

8. Kundenbetreuung

Neben der Beratung der Kunden bei Auswahl und Kauf von Waren kommt dem „After-Sales-Service" zunehmende Bedeutung zu. Im Idealfall betreut der Einzelhandel z.B. bei Elektrogeräten die Kunden über die ganze Nutzungsdauer der Waren.

Einzelhandelsbetriebe unterscheiden sich durch:

- ihre Sortimentsbreite (= Anzahl unterschiedlicher Artikel) und Sortimentstiefe (= Ausführungen eines Artikels),
- das Preisniveau,
- die Betriebsgröße und Verkaufsfläche,
- den Standort (fest, wechselnd, Shop-in-Shop, verkaufs- oder verkehrsorientiert),
- die Verkaufsform (Selbstbedienung, individuelle Beratung und Verkauf).

Kurz zusammengefasst:

1. Der Einzelhandel hat im Wesentlichen acht unterschiedliche Aufgaben und Funktionen, von Raumausgleichsfunktion bis Kundendienst.
2. In Ihrer Ausbildung zum Verkäufer bzw. zur Verkäuferin haben Sie die unterschiedlichen Funktionen und Ihre Aufgaben bei der Erfüllung dieser Funktionen kennengelernt.
3. Einzelhandelsbetriebe lassen sich nach verschiedenen Kriterien unterscheiden.

Bearbeiten Sie jetzt die Aufgaben 1 bis 8: Aufgaben des Einzelhandels.

Multiple-Choice-Aufgaben

1. Was trifft zu?
Der Einzelhandel …

1. versorgt ausschließlich Kunden der Region. ☐
2. ist meist das letzte Glied in der Absatzkette von Waren. ☐
3. bezieht seine Waren nur von einem Großhändler. ☐
4. wird meist im Franchisesystem betrieben. ☐
5. hat nur ein sehr begrenztes Warenangebot. ☐

2. In welchem Fall wirkt der Einzelhandel raumüberbrückend?

1. In einer Mall findet man unterschiedliche Geschäfte. ☐
2. Passagen machen einen Einkauf unabhängig vom Wetter. ☐
3. Ein Geschäft für DOB bietet Blusen aus Italien an. ☐
4. Jeder Online-Händler beliefert Kunden global. ☐
5. Warenhäuser sind meist mehrgeschossig. ☐

3. In welchem Fall wirkt der Einzelhandel zeitausgleichend?

1. Bademoden werde bereits im Frühjahr geordert. ☐
2. Die Ladenschlusszeiten passen sich der Nachfrage an. ☐
3. Die Personalbedarfsplanung bevorzugt im Verkauf Aushilfskräfte. ☐
4. Bei geringem Kundenaufkommen wird der Ladenschluss vorgezogen. ☐
5. Die Arbeitszeit im Einzelhandel orientiert sich am Kundenaufkommen. ☐

4. In welchem Fall dominiert die Beratungsfunktion?
Ein Einzelhändler …

1. verkauft Ware nur direkt ab Lager. ☐
2. schult seine Mitarbeiterinnen regelmäßig. ☐
3. berät sich mit Großhändlern über Marketingstrategien. ☐
4. bietet Sprechstunden für Fremdpersonal an. ☐
5. bietet einen Kochworkshop in seiner Küchenabteilung an. ☐

5. Die Weitergabe von Kundenrückmeldungen an Lieferanten ist …

1. Beratung. ☐
2. Sortimentsbildung. ☐
3. Markterschließung. ☐
4. Marktbeobachtung. ☐
5. Lagerfunktion. ☐

6. Was ist primär Aufgabe des Einzelhandels?

1. Produktion von Wirtschaftsgütern ☐
2. Bereithalten von Verbrauchsgütern ☐
3. Marktforschung ☐
4. Sortimentsbildung ☐
5. Sortimentserweiterung ☐

7. In welchem Fall liegt eine Mengenausgleichsfunktion des Einzelhandels vor?

1. Ein Händler liefert Elektrogroßgeräte nur auf Bestellung. ☐
2. Die Geschäftsleitung legt einen Mindestumsatz pro Woche fest. ☐
3. Ein Gemüsehändler ordert Obst in großen Mengen. ☐
4. Der Umsatz von Fleisch und Fisch sollte im Lebensmittelhandel gleich hoch sein. ☐
5. Je höher die verkaufte Menge, desto höher ist der Gewinn. ☐

8. In welchem Fall nimmt die Sortimentsbreite zu?

1. Ein Lebensmittelhandel erweitert sein Angebot um vegane Erzeugnisse. ☐
2. Der Elektrogroßhandel legt Mindestabnahmemengen fest. ☐
3. Die Mitarbeiter sorgen für rasche Ergänzung verkaufter Ware. ☐
4. Ein Elektrogerätehändler strafft sein Angebot. ☐
5. Das Backwarenangebot wird auf ökologisch produzierte Ware beschränkt. ☐

1.5 Wirtschaftsprinzip

In der Volkswirtschaft versteht man unter *wirtschaften* die knappen Güter so einzusetzen, dass

- die Bedürfnisse der Kunden erfüllt werden,
- der Schaden an Umwelt und Ressourcen bei der Produktion von Gütern und Dienstleistungen möglichst gering gehalten wird.

Auch der Einzelhandel verfolgt durch *Wirtschaften* mehrere unterschiedliche Ziele.

1. Gewinn erzielen – als oberstes Ziel: Gewinn erlaubt es, Investitionen zu tätigen, und verschafft den Eigentümern eine Rendite. Ein hoher Umsatz garantiert noch keinen Gewinn.
2. Qualität anbieten: Qualität wird von den Kunden erwartet, kann sie langfristig binden.
3. Marktanteile erhöhen: Ein erhöhter Marktanteil verbessert die Ertragslage und steigert den Erfolg „am Markt".

Eine besondere Aufgabe im Wirtschaftsgeschehen haben die gemeinwirtschaftlichen Unternehmen, beispielsweise Verkehrsbetriebe oder Abwasserzweckverbände. Sie sind meist im Besitz von Kommunen und müssen die Bedarfsdeckung sichern, also dafür sorgen, dass genügend Kapazität vorhanden ist. Sie erzielen selten Gewinn, ein Minderertrag (Defizit) muss aus Steuermitteln ausgeglichen werden.

Kennzeichen kostenbewussten *Wirtschaftens* ist der planvolle, sparsame Einsatz und die zweckmäßige Kombination der drei Produktionsfaktoren Arbeit, Rohstoffe und Kapital. Der Unternehmenserfolg lässt sich messen mit den Kenngrößen:

- Produktivität: $P = \frac{\text{Ergebnis}}{\text{Einsatz}}$; z. B. $\frac{\text{Umsatz}}{\text{Verkaufsfläche in m}^2}$
- Wirtschaftlichkeit: $W = \frac{\text{Ertrag}}{\text{Aufwand}}$
- Rentabilität: $R = \frac{\text{Gewinn} \times 100}{\text{eingesetztes Kapital}}$

Die Produktivität ist der wichtigste Leistungsmaßstab für ein Unternehmen. Sie vergleicht den Output, z. B. Umsatz in €, mit dem Input, z. B. Verkaufsfläche in m². Diese Flächenleistung ist stark von der Lage sowie von Branche und der Geschäftsgröße abhängig. Auch wächst in Deutschland die verfügbare Einzelhandelsfläche stärker als der Umsatz. Deshalb ist die Flächenproduktivität von ca. 5000 €/m² auf ca. 3000 im Jahr 2019 gesunken.

Jedes Unternehmen, auch der Einzelhandel, muss versuchen, zwischen dem Mitteleinsatz (= Input) und dem Erfolg (= Output) ein optimales Verhältnis herzustellen. Es muss also das Optimum zwischen Knappheit der Güter und den unbegrenzten Bedürfnissen gefunden werden. Man nennt diese Lösung das ökonomische Prinzip. Es kann entweder durch Maximal- oder durch Minimalprinzip erreicht werden.

	Maximalprinzip Prinzip des größten Erfolgs (Ergiebigkeitsprinzip)	Minimalprinzip Prinzip des kleinsten Aufwands (Sparprinzip)	
A E	möglichst großes Betriebsergebnis **E** bei konstantem Aufwand **A**	möglichst geringer Aufwand **A** bei konstantem Betriebsergebnis **E**	A E
	Die Patrone eines Laserdruckers, Preis 300 €, soll mindestens 10 000 Seiten drucken können.	Für den Druck von 10 000 Seiten auf einem Laserdrucker soll die preiswerteste Patrone gefunden werden. Sie kostet 250 €.	

Minimal- und Maximalprinzip sind zwei mögliche Lösungen, um einen Ausgleich zwischen Güterknappheit und unbegrenzten Bedürfnissen zu erreichen.

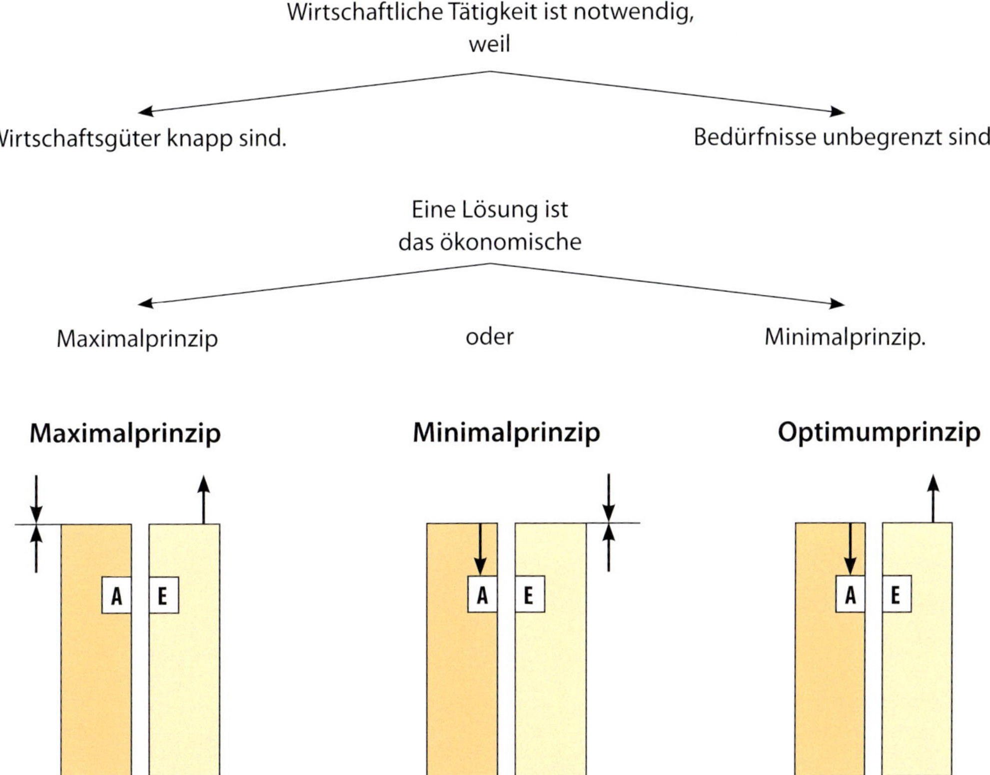

Eine Mischung aus beiden Prinzipien ist das Extremumprinzip (Optimumprinzip). Es sieht vor, dass das optimale (beste) Verhältnis zwischen Aufwand und Ertrag erreicht wird. Für dieses Prinzip muss sowohl vom Maximal- als auch vom Minimalprinzip abgewichen werden.

Beispiel: Der Markt bietet eine Patrone für einen Laserdrucker zu 320 € an; damit lassen sich 10 000 Seiten drucken, mit der integrierten Sparfunktion sogar 15 000 Seiten.

Kurz zusammengefasst:

1. Jedes Unternehmen verfolgt durch sein Wirtschaften mehrere Ziele.
2. Ein Unternehmenserfolg lässt sich mit den Kenngrößen Produktivität, Wirtschaftlichkeit und Rentabilität messen.
3. Minimal- und Maximalprinzip sind zwei Möglichkeiten, ein optimales Verhältnis zwischen Ertrag und Aufwand zu erzielen.

Bearbeiten Sie jetzt die Aufgaben 1 bis 8: Wirtschaftsprinzip.

Multiple-Choice-Aufgaben

1. Oberste Ziele im Einzelhandel sind …

1. Versorgung der Kunden mit Frischware, ☐
2. hoher Umsatz. ☐
3. geringe Wirtschaftlichkeit, ☐
4. hohe Gewinne ☐
5. niedrige Personalkosten. ☐

2. Ein Händler arbeitet wirtschaftlich, wenn …

1. die Rendite hoch ist. ☐
2. die Rendite gering ist. ☐
3. die Personalkosten nicht höher als die Raumkosten sind. ☐
4. der Marktanteil konstant bleibt. ☐
5. die Sortimentsbreite verringert wird. ☐

3. Für Gewinn G und Rentabilität R gilt:

1. Sie stehen in keinem Zusammenhang. ☐
2. Wird Gewinn erzielt ist die Rentabilität hoch. ☐
3. Die Rentabilität wird mit Hilfe des Gewinns berechnet. ☐
4. Die Rentabilität orientiert sich nur am Umsatz, nicht am Gewinn. ☐
5. Ist der Gewinn positiv, wird die Rentabilität negativ. ☐

4. In welchem Fall ist die Produktivität gestiegen?

1. 2019: Umsatz 600 000 €, Verkaufsfläche 120 m^2
2020: Umsatz 650 000 €, Verkaufsfläche 135 m^2 ☐
2. 2019: Umsatz 750 000 €, 5 Mitarbeiter
2020: Umsatz 850 000 €, 6 Mitarbeiter ☐
3. Bei konstantem Umsatz ist die Zahl der Mitarbeiter gestiegen. ☐
4. Bei konstantem Umsatz ist die Zahl der Mitarbeiter gesunken. ☐
5. Der Gewinn übertraf die Wirtschaftlichkeit. ☐

5. Welche Kenngröße ist für den wirtschaftlichen Erfolg im Einzelhandel unwichtig?

1. Produktivität ☐
2. Rentabilität ☐
3. Wirtschaftlichkeit ☐
4. Durchschnittseinkommen der Kunden ☐
5. Gewinn ☐

6. Ein Kaufhaus unterzieht das Mitarbeitercasino einem Relaunching. Was entspricht dem Maximalprinzip?

1. Der Kostenrahmen wurde nicht überschritten. ☐
2. Für die geplanten Kosten konnte zusätzlich ein Teppichboden verlegt werden. ☐
3. Die Kostenschätzung war zu hoch. ☐
4. Die Kostenschätzung war zu niedrig. ☐
5. Das Betriebsklima verbesserte sich mit dem neuen Casino. ☐

7. Was entspricht dem Minimalprinzip?

1. 40 Liter Benzinverbrauch für eine Fahrstrecke von 600 km. ☐
2. 40 Liter Benzinverbrauch für eine Fahrstrecke von 400 km. ☐
3. Nur bei niedrigem Benzinpreis tanken. ☐
4. Bei Fernreisen immer die Bahn benutzen. ☐
5. Die Reisezeiten immer minimal halten. ☐

8. In welchem Fall handelt ein Kaufhaus nach dem Maximalprinzip?

1. Personalkosten konstant halten – Umsatz steigern. ☐
2. Kosten und Gewinn sollen im Gleichgewicht bleiben. ☐
3. Die Einkaufspreise müssen stabil gehalten werden. ☐
4. Bei konstantem Umsatz müssen die Kosten gesenkt werden. ☐
5. Der Gewinn soll in gleichem Maß wie der Umsatz steigen. ☐

1.6 Wirtschaftskreislauf

Der Wirtschaftskreislauf zeigt den Austausch zwischen den Akteuren in der Wirtschaft. Der **einfache Wirtschaftskreislauf** beschränkt sich auf private Haushalte (Verbraucher) und Untenehmen. Die Geld- und Güterströme zwischen ihnen sind jeweils entgegengerichtet

Güterstrom: Private Haushalte stellen den Unternehmen Arbeit zur Verfügung und erhalten dafür Güter und Dienstleistungen.
Geldstrom: Die privaten Haushalte erhalten Löhne für geleistete Arbeit und können dafür Güter und Dienstleistungen kaufen.

Aber auch Banken erfüllen eine zentrale Aufgabe in der Wirtschaft. Üben die Verbraucher Konsumverzicht – geben sie also nicht ihr ganzes Einkommen für Konsumgüter aus, sondern sparen einen Teil – sammeln die Banken das Ersparte z.B. in Form von Sparguthaben. Die Banken können dieses gesammelte Kapital dann gegen Zins verleihen, sodass Bürger, Unternehmen und Staat langlebige Wirtschaftsgüter beschaffen oder Investitionen tätigen können. Erweitert man das einfache Wirtschaftsmodell um die Akteure Staat, Banken und das Ausland, erhält man ein Modell, das das Funktionieren einer Volkswirtschaft skizziert.

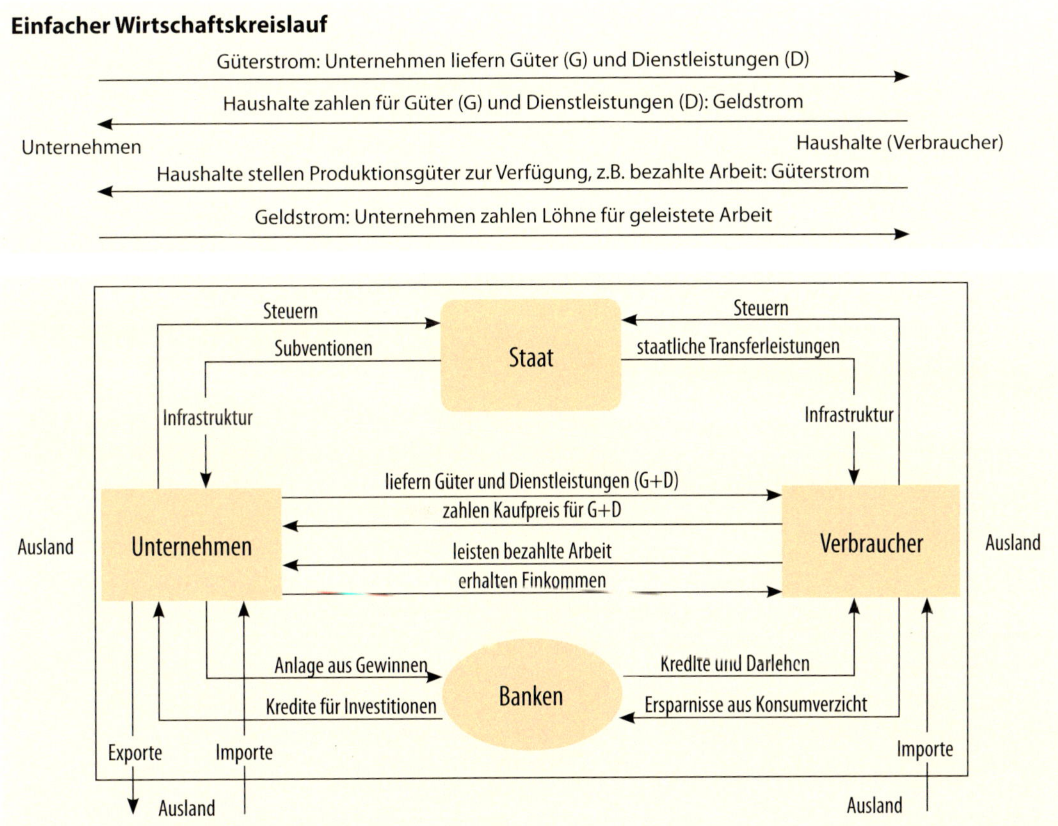

Kurz zusammengefasst:
1. Der einfache Wirtschaftskreislauf lässt sich als entgegengesetzte Geld- und Güterströme zwischen Haushalten und Unternehmen beschreiben.
2. Der erweiterte Wirtschaftskreislauf zeigt die Einflüsse von Banken, Staat und Ausland auf die Volkswirtschaft.

Bearbeiten Sie jetzt die Aufgaben 1 bis 9: Wirtschaftskreislauf.

Multiple-Choice-Aufgaben

1. Was gilt für den Geld- und Güterstrom im einfachen Wirtschaftskreislauf?

1. Sie sind gleichgerichtet. ☐
2. Der Staat versucht Geld- und Güterstrom im Gleichgewicht zu halten. ☐
3. Die Europäische Zentralbank steuert den Geldstrom, die Wirtschaft steuert den Güterstrom. ☐
4. Je größer der Geldstrom, desto wohlhabender die Volkswirtschaft. ☐
5. Sie sind gegengerichtet. ☐

2. Im einfachen Wirtschaftskreislauf findet der Güterstrom statt zwischen …

1. Verbrauchern und Banken. ☐
2. Staat und Wirtschaft. ☐
3. Unternehmen und Haushalten. ☐
4. Groß- und Einzelhandel. ☐
5. Produzenten und Verarbeitern. ☐

3. Sparguthaben entstehen durch …

1. Konsumverzicht der Verbraucher. ☐
2. Kredite der Banken. ☐
3. Rücklagen der Unternehmen. ☐
4. Transferleistungen aus dem Ausland. ☐
5. Exportüberschuss. ☐

4. Was ist Teil des Geldstroms im einfachen Wirtschaftskreislauf?
Die Firma Frischkauf …

1. bezieht Waren vom Großhändler. ☐
2. gibt beschädige Ware an einen Lieferanten zurück. ☐
3. stellt Personal für kundenintensive Tageszeiten ein. ☐
4. bezahlt ihren Mitarbeitern Tariflöhne. ☐
5. vergrößert ihre Verkaufsfläche. ☐

5. Im einfachen Wirtschaftskreislauf versorgen die Haushalte die Unternehmen mit …

1. Gütern und Dienstleistungen. ☐
2. bezahlter Arbeit. ☐
3. Rohstoffen und Fertigwaren. ☐
4. Krediten. ☐
5. Löhnen und Gehältern. ☐

6. Welche Rolle spielt der Staat im erweiterten Wirtschaftskreislauf?

1. Er sorgt für sozialen Ausgleich. ☐
2. Er bezahlt die Renten. ☐
3. Er organisiert den Import und Export. ☐
4. Er gibt Kredite an Unternehmen. ☐
5. Er legt Löhne und Preise fest. ☐

7. Welche Aufgabe haben im Wirtschaftskreislauf Kredite für Unternehmen?

1. Sie ermöglichen den Haushalten mehr Konsum. ☐
2. Sie ermöglichen Investitionen. ☐
3. Sie verbessern die Rentabilität. ☐
4. Sie vermehren das Sachkapital. ☐
5. Sie vermindern die Steuerquote. ☐

8. Der erweiterte Wirtschaftskreislauf …

1. ist Voraussetzung für den Export. ☐
2. kann Preissteigerungen erklären. ☐
3. zeigt das Wachstum in der Wirtschaft. ☐
4. ist ein Modell der Volkswirtschaft. ☐
5. legt die Gewinnmarge im Einzelhandel fest. ☐

9. Tragen Sie bei den Tätigkeiten unter 1–5 die zutreffenden Buchstaben A–D ein.

A. Geldstrom: Löhne
B. Geldstrom: Konsumausgaben
C. Güterstrom: Produktionsfaktoren
D. Güterstrom: Konsumgüter

1. Frau Melzer wird für ihre Vollzeitstelle bei der Firma Frischkauf nach Tariflohn bezahlt. ☐
2. Firma Frischkauf bezieht Ware vom Großhandel. ☐
3. Frau Melzer kauft sich eine Tasse Kaffee. ☐
4. Firma Frischkauf zahlt eine Umsatzprämie. ☐
5. Firma Frischkauf liefert Bestellungen frei Haus. ☐

1.7 Markt und Marktfunktionen

In der Volkswirtschaft bezeichnet man als „Markt" den Ort, an dem Angebot und Nachfrage zusammentreffen. Das kann ein Wochenmarkt, ein Supermarkt aber auch ein virtueller Markt im Internet sein. Auf jedem Markt wollen die

Käufer (Nachfrager)	Verkäufer (Anbieter)
• Waren und Dienstleistungen möglichst billig erwerben, • ihren Nutzen maximieren.	• ihre Waren und Dienstleistungen möglichst teuer verkaufen, • ihren Gewinn maximieren.

Verhalten sich die Kunden und die Anbieter rational (= vernünftig), tritt ein Selbstregulierungsmechanismus ein. Es stellt sich immer wieder ein Gleichgewicht zwischen Angebot und Nachfrage ein, auch wenn dieses Gleichgewicht natürlichen Schwankungen unterliegt. Der Gleichgewichtspreis (GGP) und die Gleichgewichtsmenge (GGW) ergeben sich aus dem Schnittpunkt von Angebots- und Nachfragekurve.
Die Preisbildung wird außerdem von weiteren Faktoren beeinflusst wie

- der Stärke von Bedürfnissen,
- Modetrends,
- Einkommen der Käufer,
- Konjunkturlage.

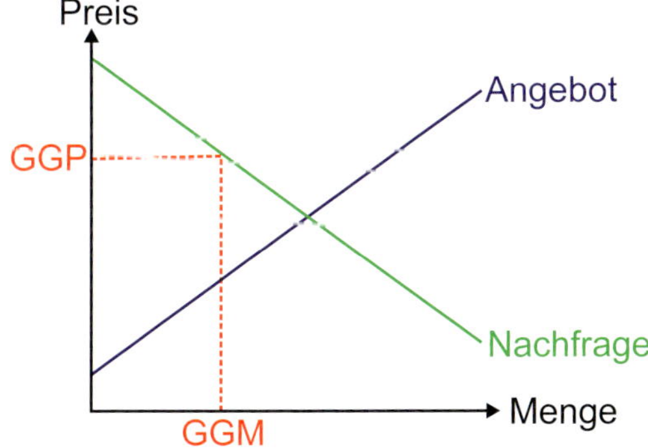

Preise sind zwar vor allem das Ergebnis von Nachfrage und Angebot, sie haben aber noch weitere Funktionen:

- **Signalfunktion:** Sie zeigen die Knappheit von Gütern und Dienstleistungen an und sind damit für diese ein Wertmaßstab.
- **Ausschaltungsfunktion:** Sie verdrängen die Anbieter von überhöhten Preisen durch den Rückgang der Nachfrage vom Markt.
- **Lenkungsfunktion:** Sie lenken die Nachfrage in Bereiche, in denen die Anbieter am wirtschaftlichsten, das heißt mit geringerem Aufwand, produzieren und so ihre Erzeugnisse günstiger als die Konkurrenz anbieten können.

Damit eine freie Preisbildung auf den Märkten möglich wird, muss vollkommener Wettbewerb herrschen. Dieser ist beispielsweise nicht mehr gegeben, wenn

- Angebots-Monopole und -Oligopole den Markt dominieren und mit überhöhten Preisen ihre Gewinne maximieren können,
- Nachfrage-Monopole und -Oligopole herrschen, die die Anbieter zu Dumpingpreisen zwingen und zu einem ruinösen Wettbewerb führen,
- der Staat zum Schutz bestimmter Wirtschaftszweige oder aus sozialen Gründen Höchst- oder Mindestpreise festsetzt.

Merke:
Monopol: ein einziger Anbieter oder ein einziger Nachfrager,
Oligopole: wenige Anbieter oder Nachfrager.

Diese Störungen in der freien Preisbildung führen zu nicht marktgerechten Preissituationen und beeinflussen auch damit auch die Selbstregulierung des Angebots. Die Käufer können die Preisbildung für ein bestimmtes Produkt beeinflussen.
Substitutionsprodukte beeinflussen den Preis positiv. Diese Produkte können andere ersetzen, um einen bestimmten Bedarf zu decken. Beispiel: Wenn der Preis für Erdbeeren zu hoch ist, kaufen Sie stattdessen Himbeeren.
Komplementärprodukte beeinflussen den Preis negativ. Diese Produkte sind nur zusammen sinnvoll verwendbar. Beispiel: Sie kaufen nicht nur einen Laptop, sondern zusätzlich Computerspiele.

Ein Einzelhändler muss für seine Waren einen Preis festlegen, ehe er sie „auf den Markt bringt". Bei der Kalkulation muss er Folgendes beachten:

- seine Kosten und Gewinnerwartungen,
- das Angebot und die Preise der Konkurrenten,
- die unverbindlichen Preisempfehlungen der Hersteller, die aber nicht bindend sind,
- in Sonderfällen Festpreise, z. B. für Zeitungen, Bücher, Tabakwaren u. ä.

Bei der Auszeichnung der Preise im Einzelhandel ist die Preisangabenverordnung (PAngV) zu beachten. Sie

- dient der Information der Verbraucher,
- soll für Preiswahrheit und Preisklarheit sorgen,
- soll durch Preisvergleichsmöglichkeiten die Stellung der Verbraucher gegenüber Handel und Gewerbe stärken,
- soll den Wettbewerb im Einzelhandel fördern.

Die Preisangabenverordnung (PAngV) verlangt von einem Einzelhändler:

1. Bei Waren ist der Bruttoverkaufspreis anzugeben, also inklusive Mehrwertsteuer.
2. Zusätzlich zum Preis sind die Verkaufseinheit und die Gütebezeichnung anzugeben.
   Beispiel: Bananen (verpackt), 380 g Cavendish, HKl I, 1,55 €.
3. Bei Fertigpackungen ist der Grundpreis je Einheit anzugeben, z. B. €/kg, €/l, €/m.
   Beispiel: Bananen (verpackt), 380 g Cavendish, HKl I, 1,55 € (1 kg = 4,08 €).
4. Waren in Schaufenstern und im Verkaufsraum unterliegen der Preisauszeichnungspflicht. Preisschilder müssen eindeutig zuzuordnen und deutlich lesbar sein.
5. Es gilt immer der Preis, mit dem die Ware ausgezeichnet ist. Bei kurzfristigen Preisänderungen gilt der in einer Scannerkasse hinterlegte Preis erst dann, wenn der Preis an der Ware im Regal geändert wurde.
6. Beim Onlinehandel sind zusätzlich die Versandkosten anzugeben.
7. Die Preisangabenverordnung gilt nicht beim Handel zwischen Privatpersonen, z. B. wenn eine Privatperson Waren bei eBay verkauft.

Kurz zusammengefasst:

1. Preise für Waren und Dienstleistungen bilden sich auf dem Markt, sind Angebot und Nachfrage im Gleichgewicht bildet sich ein Gleichgewichtspreis.
2. Bei Nachfrageüberhang entsteht ein Verkäufermarkt, bei Angebotsüberhang ein Käufermarkt.
3. Ein Kaufmann muss beim Festlegen der Preise seiner Waren verschiedene Faktoren beachten, der Einzelhandel zusätzlich die Preisangabenverordnung (PAangV).

Bearbeiten Sie jetzt die Aufgaben 1 bis 7: Markt und Marktfunktionen.

Multiple-Choice-Aufgaben

1. Welche Aussage trifft für Saisonware „Erdbeeren" im Einzelhandel zu?

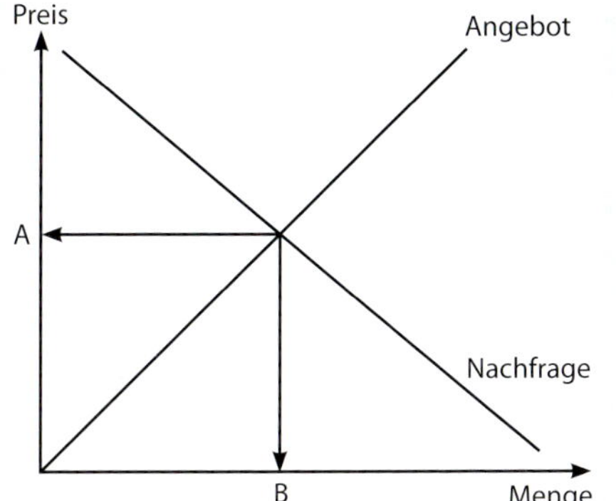

1. Steigt das Angebot und sinkt die Nachfrage, dann steigt der Preis. ☐
2. Steigt das Angebot und bleibt die Nachfrage gleich, dann steigt der Preis. ☐
3. Der Marktpreis hängt nur von der Menge ab. ☐
4. Steigt das Angebot und sinkt die Nachfrage, dann fällt der Preis. ☐
5. Je größer die angebotene Menge, desto höher ist der Preis. ☐

2. In welchen Fall liegt ein „Verkäufermarkt" vor?

1. Die Preise fallen. ☐
2. Angebot und Nachfrage sind ausgeglichen. ☐
3. Es liegt ein Gleichgewichtspreis vor. ☐
4. Das Angebot übertrifft die Nachfrage. ☐
5. Die Nachfrage ist höher als das Angebot. ☐

3. Was beeinflusst die Preisbildung kaum?

1. Jahreszeit ☐
2. Stärke von Bedürfnissen ☐
3. Einkommen der Käufer ☐
4. Konjunkturlage ☐
5. Modetrends ☐

4. In welchem Fall haben Preise eine Ausschaltungsfunktion?

1. Zwei Discounter vereinbaren gleiche Preise für Grundnahrungsmittel. ☐
2. Ein Einzelhändler unterbietet die Preise eines benachbarten Obststandes. ☐
3. Hohe Preise für Orangen im Sommer zeigen deren Knappheit an. ☐
4. Ein Einzelhändler wirbt mit niedrigen Preisen für Kartoffeln aus der Region. ☐
5. Ein Feinkosthändler nimmt Kiwis wegen der gestiegenen Einkaufspreise aus dem Sortiment. ☐

5. Welche Auswirkungen haben Monopole auf jeden Fall für Verbraucher?

1. Sie führen zu Preissenkungen. ☐
2. Sie vergrößern das Angebot an Waren. ☐
3. Sie führen zu Preissteigerungen. ☐
4. Sie verhindern neue Anbieter. ☐
5. Sie sichern die Versorgung der Verbraucher. ☐

6. Was ist nicht Ziel der Preisangabenverordnung (PAngV)?

1. Den Wettbewerb zu fördern, ☐
2. für Preisklarheit zu sorgen, ☐
3. das Angebot zu vergrößern, ☐
4. einen Preisvergleich zu ermöglichen, ☐
5. die Verbraucher zu informieren. ☐

7. Welcher Verstoß gegen die Preisangabenverordnung (PAngV) liegt hier vor?

Pflaumen aus der Wachau Blaue Perlen HK I 300 g 2,90 €

1. Bei der Herkunft fehlt der Zusatz „Niederösterreich". ☐
2. Die Verpackungseinheit 300 g ist nicht zulässig. ☐
3. Die Sorte „Blaue Perle" ist irreführend. ☐
4. Die Angabe der Mehrwertsteuer fehlt. ☐
5. Der Grundpreis je Einheit, z. B. Kilogramm, fehlt. ☐

1.8 Wettbewerb, Kooperation und Konzentration in der Wirtschaft

Ein Kennzeichen unserer hochentwickelten Volkswirtschaft ist das Überangebot an Waren und Dienstleistungen auf dem Markt. Das kann Marktteilnehmer dazu verleiten, sich gegenüber den Konkurrenten durch ungesetzliches Verhalten Vorteile zu verschaffen. Ein Fair Play auf dem Markt sichern

- das Gesetz gegen unlauteren Wettbewerb (UWG),
- das Gesetz gegen Wettbewerbsbeschränkungen (GWG).

Die beiden Hauptziele des UWG sind:

- Schutz der Interessen der Allgemeinheit an einem unverfälschten Wettbewerb auf dem Markt der Wirtschaftsgüter,
- Schutz der Verbraucher und Mitbewerber vor unlauteren Handlungen bei der Werbung für Waren und Dienstleistungen.
- Sicherstellen von Sittlichkeit, Lauterkeit und Fairness im Wettbewerb.

Tatbestand	Verbot unlauterer geschäftlicher Handlungen	Verbot irreführender geschäftlicher Handlungen	Regelungen zur vergleichenden Werbung	unzumutbare Belästigungen
Absicht	Die Interessen der anderen Marktteilnehmer sollen nicht spürbar beeinträchtigt werden.	Eigene Waren und Dienstleistungen sollen keinen unzulässigen Vorteil erhalten.	Waren und Dienstleistungen der Mitbewerber sollen nicht herabgewürdigt werden.	Verbraucher und Mitbewerber sollen nicht unverlangt mit Postsendungen, Telefonanrufen oder E-Mails belästigt werden.
verboten sind	• Psychologischer Druck, • Verleumdung von Mitbewerbern, • Verbreiten von Unwahrheiten über Mitbewerber und deren Produkte.	• Unwahre Angaben über Waren, • falsche Preisreduzierung, • Lockangebote (Waren sind gar nicht im Angebot), • unterlassene Angaben bei Produkten.	• Vergleiche von Waren mit unterschiedlichen Eigenschaften, • Vergleiche, die nicht objektiv sind.	• Kontaktaufnahme trotz Widerspruch. • Anrufe oder E-Mails ohne vorherige Einverständniserklärung

Das GWG soll den ungehinderten und möglichst vielgestaltigen Wettbewerb zwischen den Anbietern von Waren und Dienstleistungen auf dem Markt sichern und erhalten. Es ist deshalb vor allem gegen Marktmacht und Konzernbildung gerichtet, die den Wettbewerb negativ beeinflussen könnten.
Im Einzelnen ist im GWG geregelt:

- das Verbot von Absprachen und Verträgen zwischen Unternehmen, die den Wettbewerb behindern, verfälschen oder verhindern könnten (Kartellverbot);
- das Verbot von Zusammenschlüssen von Unternehmen, die zu einer marktbeherrschenden Stellung führen; Ausnahmen können der Bundeswirtschaftsminister, das Bundeskartellamt oder die EU-Kommission genehmigen;
- das Verbot von Preisbindungen; Ausnahmen: Buchpreisbindung u. ä.;
- die Arbeit des Bundeskartellamts.

Der Wettbewerb funktioniert nur dann, wenn auf dem Markt viele Anbieter vielen Kunden gegenüberstehen. Er darf nur zu Preis, Qualität, Service und Kundendienst erfolgen, nicht zu Absprachen untereinander. Erst dann kann sich ein Marktpreis bilden, der Anbietern wie Kunden den größtmöglichen Nutzen verschafft. Diese Vielfalt kennzeichnet ein **Polypol**: Es herrscht die totale Wahlfreiheit für die Kunden.
Das entgegengesetzte Extrem ist das **Monopol**. Hier steht den Kunden nur ein einziger Anbieter von Waren oder Dienstleistungen gegenüber. Eine mildere Form ist das **Oligopol**. Den Kunden bzw. Verbrauchern stehen einige wenige Anbieter auf der Angebotsseite gegenüber.

Durch Angebots- und Nachfragemacht bilden sich mehr oder minder enge Unternehmenszusammenschlüsse. Man unterscheidet folgende Zusammenschlüsse:

Ohne Kapitalbeteiligung	Mit Kapitalbeteiligung
• Interessengemeinschaften (IG) • Arbeitsgemeinschaften (AGe) • Einkaufsgenossenschaften (EKG) • Shop-in-Shop-Systeme • Kartelle • Kooperationen zwischen Herstellern bzw. Großhandel und dem Einzelhandel, z. B. Rack-Jobber-System und Franchising	• Holding (Dachgesellschaft mit davon abhängigen selbständigen Unternehmen) • Konzerne (Zusammenschluss von rechtlich selbständigen Unternehmen unter einer Geschäftsführung) • Fusionen (Verschmelzung von Unternehmen)

Interessengemeinschaften vertreten gegenüber Staat, Öffentlichkeit oder anderen Unternehmen gemeinsame Interessen, z. B. Marketinginitiativen. Arbeitsgemeinschaften sind üblich, wenn ein großes Projekt realisiert werden soll, z. B. wenn Einzelhändler eine Einkaufsmall errichten oder betreiben wollen. Beim Shop-in-Shop-System mietet ein Einzelhändler in einem größeren Markt Verkaufsfläche und betreibt darauf ein Geschäft auf eigene Rechnung, z. B. ein Schmuckhändler in einem Kaufhaus. Kartelle sind Absprachen zwischen Unternehmen, die sich in jedem Fall ungünstig für die Verbraucher auswirken. Dabei unterscheidet man die vier Ausformungen:

Kartellart	**Preiskartell**	**Quotenkartell**	**Gebietskartell**	**Empfehlungskartell**
Kennzeichen	Die Marktbeschicker treffen Absprachen über Preise und/oder Lieferbedingungen.	Die Marktbeschicker verknappen das Angebot bei sinkenden Preisen.	Produzenten oder Großhändler teilen sich den Markt in bestimmte Regionen auf, die nur sie beliefern.	Produzenten geben dem Handel die Preise und Rabattkonditionen vor. Unverbindliche Preisempfehlungen sind aber erlaubt.
Folgen für den Verbraucher	Obwohl unterschiedliche Anbieter am Markt agieren, sind bei allen die Preise für gleiche Erzeugnisse identisch.	Obwohl ein Überangebot vorhanden wäre, steigen die Preise aufgrund der künstlichen Verknappung.	Verbraucher können nicht zwischen verschiedenen Anbietern wählen, sondern sind den Monopolisten ausgeliefert.	Da Händler, die die Empfehlung missachten, nicht mehr beliefert werden, verringert sich das Angebot für die Verbraucher.

Kartelle sind nach GWG verboten, wenn sie eine marktbeherrschende Stellung erreichen.

Eine Sonderform im Handel sind die Kooperationen zwischen Groß- und Einzelhandel.
Dabei sind üblich:
1. Rack-Jobber-System:
- Ein Einzelhändler stellt einem Großhändler bzw. Hersteller Regalfläche zur Verfügung.
- Der Bestücker trägt die Verantwortung für Preisauszeichnung und Absatz.
- Der Einzelhändler übernimmt nur das Inkasso für Ware, die dem Regal von Kunden entnommen wird.
- Hersteller oder Großhändler erreichen die Kunden direkt.
- Der Einzelhändler kann dem Kunden Ware ohne jedes Risiko anbieten und so sein Sortiment erweitern.

Den Kunden ist meist nicht bekannt, welche Waren auf diesem Absatzweg angeboten werden.

2. Franchising ist eine langfristige vertragliche Vereinbarung zwischen einem Franchisegeber und einem Franchisenehmer. Dabei

- gewährt der Franchisegeber die Nutzung einer Marke oder eines Firmennamens,
- stellt er dem Franchisenehmer ein Beschaffungs-, Absatz-, Organisations- und Marketingkonzept zur Verfügung,
- gewinnt der Franchisegeber eine relative Marktmacht in einem Segment (z. B. McDonalds, Edeka),
- profitiert der Franchisenehmer von der Popularität eines Namens oder eines Konzepts für sein Unternehmen, das er in eigener Verantwortung und auf eigene Kosten für Personal und Ausstattung betreibt.

Kurz zusammengefasst:

1. Die beiden Gesetze UWG und GWG sorgen für einen vielfältigen Wettbewerb auf dem Markt.
2. Es gibt Unternehmenszusammenschlüsse ohne und mit Kapitalbeteiligung.
3. Kartelle können in unterschiedlicher Art auftreten, sie stören in jedem Fall den Wettbewerb.
4. Jack-Robber-System und Franchising sind Sonderformen der Zusammenarbeit im Einzelhandel.

Bearbeiten Sie jetzt die Aufgaben 1 bis 9: Wettbewerb, Kooperation und Konzentration in der Wirtschaft.

Multiple-Choice-Aufgaben

1. Was kennzeichnet hochentwickelte Volkswirtschaften?

1. Bedarfsgerechtes Warenangebot ☐
2. Geringe Konsumquote ☐
3. Übergebot an Waren und Dienstleistungen ☐
4. Wenige und einfache Gesetze ☐
5. Hohe Arbeitslosenquote ☐

2. Das Gesetz gegen Wettbewerbsbeschränkungen (GWG) …

1. sichert den unverfälschten Wettbewerb in der Wirtschaft. ☐
2. sorgt für Fairness im Wettbewerb. ☐
3. verbietet Kartelle. ☐
4. regelt die Arbeit des Bundeskartellamts. ☐
5. verbietet Einkaufsgenossenschaften. ☐

3. In welchem Fall sorgt der Markt selbst für Wettbewerb?

1. Einzelhändler einer Region bilden eine Einkaufsgenossenschaft. ☐
2. Die Anbieter bilden ein Oligopol. ☐
3. Die Nachfrager beschränken ihre Konsumausgaben. ☐
4. Es gibt bundesweit nur zwei Discounter. ☐
5. Es gibt viele Anbieter und Nachfrager. ☐

4. Das Shop-in-Shop-System …

1. vergrößert das Angebot z. B. in einem Kaufhaus. ☐
2. ist nur in Shoppingmalls möglich. ☐
3. braucht die Genehmigung der Kartellbehörde ☐
4. vermindert den Umsatz des Vermieters. ☐
5. wird zur Konkurrenz „im Haus". ☐

5. Die Einzelhändler einer Region werben wöchentlich mit einer Postwurfsendung. Hier spricht man von …

1. Holding. ☐
2. Fusion. ☐
3. Kartell. ☐
4. Interessengemeinschaft. ☐
5. vertikaler Kooperation. ☐

6. In welchem Fall liegt eine vertikale Kooperation vor? Ein Feinkosthändler …

1. beteiligt sich an einem Bio-Bauernhof. ☐
2. richtet an Samstagen Sonderverkaufsflächen ein. ☐
3. gründet mit anderen Händlern eine Einkaufsgenossenschaft. ☐
4. bewirbt sich um eine Postfiliale in ihren Geschäftsräumen. ☐
5. beschließt eine Kooperation mit einem Online-Lieferservice. ☐

7. Beim Rack-Jobbing übernimmt ein Einzelhändler …

1. die Präsentation der Ware. ☐
2. das Auffüllen den Regale. ☐
3. den Rückversand nicht verkaufter Ware. ☐
4. das Inkasso für die Waren. ☐
5. die Haftung für die Sauberkeit der Verkaufsregale. ☐

8. Das Franchise-System …

1. ist nur im Non-food-Sektor üblich. ☐
2. unterstützt Gründer u. a. durch Sales-Promotion. ☐
3. ist eine Sonderform eines Kartells. ☐
4. ist nur im Fast-Food-Sektor üblich. ☐
5. fordert vom Franchisegeber hohe Investitionskosten. ☐

9. Ein Franchisenehmer …

1. ist auf eigene Rechnung tätig. ☐
2. ist Angestellter des Franchisegebers. ☐
3. ist in der Wahl des Firmennamens frei. ☐
4. ist an Weisungen des Franchisegebers nicht gebunden. ☐
5. erhält vom Franchisegeber alle Investitionskosten erstattet. ☐

1.9 Arbeitsteilung

In Unternehmen in einer hoch entwickelten Volkswirtschaft herrscht eine differenzierte Arbeitsteilung vor. Die Abläufe sind in einzelne kleine Teilaufgaben zerlegt, die von dafür geschulten und ausgebildeten Mitarbeitern ausgeführt werden. Niemand stellt mehr ein Erzeugnis komplett her, auch der Einzelhandel spezialisiert sich auf Segmente wie Lebensmittel, Kleidung, Bücher usw.

Arbeitsteilung = Zerlegen von Arbeitsabläufen in einzelne kleine Teilaufgaben.

Arbeitsteilung (AT) in Hinblick auf				
alle Produktionsstufen von Erzeugnissen, z. B. Möbel: Man unterscheidet		**die Endfertigung von Erzeugnissen, z. B. Möbel: Man unterscheidet**		
vertikale AT in den Wirtschaftsbereichen.	horizontale AT durch verschiedene Hersteller des gleichen Erzeugnisses.	innerbetriebliche AT, z. B. Zerlegen der Fertigung in kleine Ablaufabschnitte	überbetriebliche AT, z. B. Montage von Möbeln aus Eigen- und Fremdfertigungsteilen.	globale AT durch Spezialisierung von Ländern auf bestimmte Erzeugnisse.
Primärsektor: • Bäume fällen • Sekundärsektor: Bretter sägen, • Möbel fertigen Tertiärsektor: • Transport und Verkauf	Unterschiedliche Hersteller fertigen gleiche oder ähnliche Möbel, denn keiner kann alleine die Nachfrage nach bestimmten Möbeln befriedigen.	Zerlegen beispielsweise in Zuschnitt, Verleimen, Lackieren. Gefertigt wird in Serie, d. h. hintereinander, an unterschiedlichen Arbeitsplätzen.	Möbelhersteller fertigen ihre Produkte aus Eigen- und Fremdfertigungsteilen von Zulieferern. Viele Hersteller sind nur noch Montagewerke, die nahezu alle Bauteile von Zulieferern beziehen.	Deutsche Möbelhersteller beziehen viele Bauteile und Dienstleistungen aus dem Ausland, z. B. Edelhölzer. Der weltweite Handel fördert die globale Arbeitsteilung.

Die unterschiedlichen Formen der Arbeitsteilung sind nicht nur in der Fertigung von Erzeugnissen üblich, sondern auch bei Dienstleistungen, z. B. bei der

- Auswahl und Einstellung von Mitarbeitern durch Personaldienstleister,
- Abwicklung der Buchhaltung durch externe Rechenzentren,
- Bestückung von Verkaufsregalen durch Fremdfirmen.

Die zunehmende Arbeitsteilung in der Wirtschaft hat nicht nur die Waren und Dienstleistungen billiger gemacht, sondern hat auch Auswirkungen auf Menschen, Wirtschaft und Welthandel.

Arbeitsteilung hat für Wirtschaft, Mitarbeiter und Verbraucher	
Vorteile durch	**Nachteile durch**
• niedrige Preise, • Spezialisierung der Hersteller auf Kernprozesse, • kürzere Arbeitszeiten in Industrieländern, • höhere Produktivität beim Endhersteller.	• Abhängigkeit von Lieferanten, • Verlust von Know-how, • Verarmung in Zulieferländern, • Abhängigkeit der Zulieferer von Aufträgen.

Kurz zusammengefasst:
1. Arbeitsteilung ist das Zerlegen von Arbeitsabläufen in einzelne kleine Teilaufgaben.
2. Man unterscheidet vertikale und horizontale, innerbetriebliche, überbetriebliche und globale Arbeitsteilung.
3. Arbeitsteilung ist ein Kennzeichen moderner Volkswirtschaften und hat für die Menschen Vorteile, aber auch Nachteile.

Bearbeiten Sie jetzt die Aufgaben 1 bis 8: Arbeitsteilung.

Multiple-Choice-Aufgaben:

1. Ein Feinkosthändler richtet für Fleisch, Fisch und Käse getrennte Theken mit festem Personal ein. Diese Arbeitsteilung ist …

1. global. ☐
2. überbetrieblich. ☐
3. innerbetrieblich. ☐
4. horizontal. ☐
5. vertikal. ☐

2. Eine Folge der Arbeitsteilung …

1. ist die Spezialisierung von Betrieben und Mitarbeitern. ☐
2. sind Kostensteigerungen. ☐
3. ist ein größerer Absatz von Waren. ☐
4. sind Investitionen in allen Wirtschaftssektoren. ☐
5. ist die Vergrößerung des Warenangebots für die Konsumenten. ☐

3. In welchem Fall liegt eine vertikale Arbeitsteilung vor?

1. Versorgung mit Waren: Großhandel beliefert den Einzelhandel, dieser private Kunden. ☐
2. Herstellung von Wurstwaren: Mehrere Fleischverarbeiter bieten unterschiedliche Wurstsorten an. ☐
3. Schlachthof: Spezialisierung der Mitarbeiter für die verschiedenen Aufgaben. ☐
4. Einzelhandelsgeschäft: Regalbefüllen und Housekeeping ist an Fremdfirmen vergeben. ☐
5. Feinkosthandel: Weine werden direkt bei Winzern geordert. ☐

4. In einem Kaufhaus mit einem Vollsortiment im Food- und Non-Food-Bereich ist Arbeitsteilung …

1. aus organisatorischen Gründen nicht möglich. ☐
2. üblich zwischen Einkauf, Verkauf, human Relations usw. ☐
3. nur in Absprache mit dem Betriebsrat möglich. ☐
4. nur bei Personalmangel sinnvoll. ☐
5. nur bei Personalüberschuss möglich. ☐

5. Globale Arbeitsteilung …

1. bringt Vorteile für alle. ☐
2. mindert die Abhängigkeit von Lieferanten. ☐
3. kann zu einem Verlust von technischem Know-how führen. ☐
4. fördert Monostrukturen. ☐
5. muss von der EU-Kommission genehmigt werden. ☐

6. In welchem Fall liegt eine innerbetriebliche Arbeitsteilung vor?

1. Die Geschäftsführung beschäftigt einen externen Dienstleister zum Auffüllen von Verkaufsregalen. ☐
2. Das Verkaufspersonal arbeitet im Zwei-Schicht-Betrieb. ☐
3. Ein Handelshaus bietet einen zusätzlichen Lieferservice an. ☐
4. Der Absatz erfolgt sowohl im Shop als auch online. ☐
5. Die Mitarbeiter eines Discounters sind der Kundenberatung und im Kassendienst tätig. ☐

7. Eine Folge der globalen Arbeitsteilung ...

1. sind geringe Kosten für Transport und Logistik. ☐
2. sind hohe Einfuhrzölle für Rohstoffe. ☐
3. ist der Verlust von Absatzmärkten. ☐
4. sind längere Arbeitszeiten in den Industrieländern. ☐
5. ist eine Zunahme des Dienstleistungssektors. ☐

8. Ein Möbelhändler schließt mit einem Logistikunternehmen einen Kooperationsvertrag für Möbeltransporte zum Kunden. Die Arbeitsteilung ist ...

1. global ☐
2. innerbetrieblich ☐
3. hoizontal ☐
4. vertikal ☐
5. nicht erkennbar ☐

2 Rechtliche Rahmenbedingungen

Prüfungsgebiet	Themenbereiche	Prüfungsinhalte
In der Abschlussprüfung WISO müssen Sie im Prüfungsgebiet „Rechtliche Rahmenbedingungen" Aufgaben zu folgenden Themenbereichen bearbeiten:	Rechtliche Grundbegriffe	Rechts- und Geschäftsfähigkeit
	Arten und Formen der Rechtsgeschäfte	Anfechtbare und nichtige Rechtsgeschäfte
	Kaufverträge	Arten von Kaufverträgen
	Leistungsstörungen und Verjährung	Leistungsstörungen durch Verkäufer, Käufer, Verjährungsfristen
	Rechtsformen	Einzelunternehmen, Kapitalgesellschaft

2.1 Rechtliche Grundbegriffe

Die Rechtsordnung regelt das Zusammenleben der Menschen in einem Gemeinwesen und das Verhältnis der Bürger zum Staat und bindet es auf allen Ebenen an Recht und Gesetz. So sichert die Rechtsordnung Frieden und Freiheit, sorgt für einen sozialen Ausgleich und reguliert das tägliche Leben, ob im Straßenverkehr oder am Arbeitsplatz. Die Rechtsordnung begegnet den Menschen in Form von Gesetzen, Verordnungen, Satzungen und Normen, aber auch als Gewohnheitsrecht.
Man unterscheidet vier Bereiche:

Verfassungsrecht	Öffentliches Recht	Privatrecht	Strafrecht
• Grundgesetz • Verfassungen der Bundesländer	Es regelt das Verhältnis zwischen Bürger und Staat sowie der staatlichen Einrichtungen untereinander.	Es regelt die Rechtsverhältnisse der Menschen untereinander, z. B. Bürgerliches Gesetzbuch, Handelsrecht, Arbeitsrecht.	Es sanktioniert Verstöße der Menschen gegen die Rechtsordnung, z. B. Diebstahl, Körperverletzung, Tötungsdelikte.

Die Rechtsordnung bindet sowohl das Tätigen von Rechtsgeschäften als auch Rechte und Pflichten aus Rechtsgeschäften an das Alter. Dabei unterscheidet man:

- **Rechtsfähigkeit:** Fähigkeit, Rechte und Pflichten wahrzunehmen. Das betrifft
  - kraft Menschenrechte alle natürlichen Personen von Geburt bis zum Tod, unabhängig von Religion, Staatsangehörigkeit, Sprache oder Rasse;
  - kraft Gesetz oder Eintrag in das Handels- oder Vereinsregister juristische Personen, z. B. Stiftungen, IHKs, Genossenschaften, AGs, GmbHs;
- **Geschäftsfähigkeit:** Fähigkeit von natürlichen Personen, Rechtsgeschäfte wirksam abschließen zu können. Sie ist nach dem Lebensalter gestaffelt:
  - geschäftsunfähig: bis 6 Jahre und Personen, die beispielsweise geisteskrank sind;
  - beschränkt geschäftsfähig: von 7–17 Jahre und Personen, die unter Betreuung stehen;
  - voll geschäftsfähig: ab 18 Jahren.
- **Deliktfähigkeit:** rechtliche Verantwortung für Schäden aus unerlaubten Handlungen, gestaffelt nach dem Alter:
  - deliktunfähig: bis 6 Jahre;
  - beschränkt deliktfähig: allgemein von 7–17 Jahren;
  - voll deliktfähig: mit 21 Jahren.

Im Rahmen von Rechtsgeschäften mit beschränkt Geschäftsfähigen gibt es eine Sonderregelung. Derartige Rechtsgeschäfte sind schwebend unwirksam – das heißt, sie erfordern die Zustimmung des gesetzlichen Vertreters bzw. der Eltern.

Ausnahme: Taschengeldparagraph: Kauft z. B. eine 12-Jährige eine Blue-Ray-Disc von ihrem Taschengeld und ist der Kaufpreis angemessen, dann ist der Kauf wirksam.

Ausnahme: Wenn Sie als Auszubildende ein Rechtsgeschäft abschließen, z. B. Handelsware bestellen, so dürfen Sie das nur mit Zustimmung Ihres Vorgesetzten bzw. des Geschäftsführers. Er muss die Bestellung mit seiner Unterschrift abzeichnen.

Kurz zusammengefasst:

1. Die Rechtsordnung unterscheidet zwischen Rechtsfähigkeit, Geschäftsfähigkeit und Deliktfähigkeit.
2. Die Geschäftsfähigkeit von natürlichen Personen ist nach dem Alter gestuft.
3. Der Taschengeldparagraf erlaubt 7–17-Jährigen, überwiegend frei über ihr Taschengeld verfügen zu können.

Bearbeiten Sie jetzt die Aufgaben 1 bis 7: Rechtliche Grundbegriffe.

Multiple-Choice-Aufgaben

1. Die Rechtsfähigkeit eines Menschen

1. beginnt mit der Geburt, ☐
2. hängt vom Lebensalter ab, ☐
3. setzt die deutsche Staatangehörigkeit voraus, ☐
4. setzt den Dauerwohnsitz in Deutschland voraus, ☐
5. endet mit dem Renteneintritt. ☐

2. Ein Kunde will klagen, weil er wegen Diebstahl ein Hausverbot erhielt. Der Fall zählt zum …

1. öffentlichen Recht. ☐
2. Privatrecht. ☐
3. Verfassungsrecht. ☐
4. Strafrecht. ☐
5. Staatsrecht. ☐

3. Welches Rechtsgeschäft ist nichtig (a), gültig (b) oder schwebend wirksam (c)?

1. Die 18-jährige Franziska least mit Zustimmung ihrer Eltern ein E-Mobil. ☐
2. Der vierjährige Oliver kauft für sich und seine Geschwister Eis. ☐
3. Der 17-jährige Georg kauft sich einen E-Scooter für 1200 €. ☐
4. Eine 19-jährige Auszubildende kündigt einem Lieferanten mündlich. ☐
5. Ein 16-jähriger Auszubildender verkauft einem erwachsenen Kunden Spirituosen. ☐

4. Ein Kunde, dessen Alter Sie auf 17 Jahre schätzen, möchte ein E-Mountainbike zum Preis von 800 € kaufen. Welche Verpflichtung haben Sie als Verkäuferin Verkäufer?

1. Keine, denn der Kunde ist fast volljährig. ☐
2. Sie müssen sich eine Vollmacht seiner Eltern vorlegen lassen. ☐
3. Der Kunde braucht die Zustimmung Ihres Geschäftsführers. ☐
4. Sie müssen sich nach der Höhe seines Taschengeldes erkundigen. ☐
5. Sie müssen den Kunden darauf hinweisen, dass sein gesetzlicher Vertreter noch seine Zustimmung geben muss. ☐

5. In welchem Fall ist der Täter bzw. die Täterin deliktfähig?

1. Ein 7-Jähriger versteckt das Fahrrad seines Freundes. ☐
2. Ein 10-Jähriger wirft eine Schaufensterscheibe ein. ☐
3. Ein 17-jähriger verursacht einen Verkehrsunfall und begeht Fahrerflucht. ☐
4. Eine Auszubildende kippt versehentlich eine Charge Seezungen in den Müllbehälter. ☐
5. Ein Geschäftsführer erinnert eine Auszubildende an Freundlichkeit gegenüber Kunden. ☐

6. In welchem Fall ist die Person nicht geschäftsfähig?

1. Ein 12-Jähriger kauft sich eine Portion Pommes mit Ketchup. ☐
2. Ein offensichtlich Angetrunkener kauft einen Becher Kaffee an einem Kiosk. ☐
3. Eine gehbehinderte Rentnerin bestellt gegen Lieferung online Ware in einem Supermarkt. ☐
4. Ein 13-Jähriger gründet einen Online-Vertrieb für Mathematik-Schulaufgaben. ☐
5. Ein 12-Jähriger verkauft gebrauchtes Spielzeug auf einem Flohmarkt. ☐

7. Ein Kunde verlangt vom Verkäufer (Auszubildender, 17 Jahre alt) beim Kauf eines Coffee-to-go einen Kassenbon. Der Verkäufer verweigert den Kassenbon. Es liegt vor:

1. ein unwirksames Rechtsgeschäft. ☐
2. ein schwebend wirksames Rechtsgeschäft. ☐
3. ein Verstoß gegen öffentliches Recht. ☐
4. ein Verstoß gegen das Verfassungsrecht. ☐
5. kein Verstoß gegen ein Gesetz. ☐

2.2 Arten und Formen von Rechtsgeschäften

Rechtsgeschäfte und hier besonders Kaufverträge müssen nicht zwingend schriftlich abgeschlossen werden: Der Kauf eines Burgers beispielsweise ist ein mündlich abgeschlossenes Rechtsgeschäft, das gilt. Im Privat- und Geschäftsleben fallen eine Vielzahl von Verträgen an, die immer Rechtsgeschäfte sind, deren Formvorschriften im Bürgerlichen Gesetzbuch, aber auch in anderen Gesetzen geregelt sind. Alle Verträge kommen durch zwei inhaltlich voll übereinstimmende, rechtsgültige Willenserklärungen der beiden Vertragspartner zustande. Man unterscheidet:

- Verpflichtungsgeschäft: Beide Vertragspartner gehen Verpflichtungen ein.
- Erfüllungsgeschäft: Beide Vertragspartner müssen die eingegangenen Verpflichtungen erfüllen.

Eine Ausnahme sind einseitige Rechtsgeschäfte. Hierbei handelt es sich um

- empfangsbedürftige Willenserklärungen, z. B. die Kündigung von Arbeitsverhältnissen,
- nicht empfangsbedürftige Willenserklärungen, z. B. die Errichtung eines Testaments.

Grundsätzlich geht man davon aus, dass alle Rechtsgeschäfte, z. B. der Kauf von Handelsware, nach Treu und Glauben abgeschlossen werden. Das heißt, die Ware hat die Eigenschaften, die der Verkäufer zusichert. Der Käufer verlässt sich auf diese Zusicherung, und Verkäufer und Käufer verlassen sich darauf, dass das Geschäft Zug um Zug abgewickelt wird. Ist dies nicht der Fall, dann liegt ein anfechtbares Rechtsgeschäft vor. Es ist zwar gültig, kann aber nach Abschluss innerhalb eines Jahres von einem der Vertragspartner angefochten werden.
Anfechtbar ist ein Rechtsgeschäft, wenn es

- durch arglistige Täuschung zustande gekommen ist,
  Beispiel: Ein Gebrauchtwagen hat nicht 50 000 km Laufleistung, sondern 150 000 km;
- unter widerrechtlicher Drohung erpresst wurde,
  Beispiel: Ein Arbeitgeber zwingt einen Mitarbeiter auf den Mindestlohn zu verzichten, andernfalls würde er ihm kündigen;
- irrtümlich abgeschlossen wurde,
- Beispiel: Ein Kaufmann ordert beim Großhändler versehentlich 100 000 Flaschen Bordeaux statt 100 Flaschen.

Wird ein Rechtsgeschäft angefochten, so ist es rückwirkend unwirksam.

Darüber hinaus gibt es nichtige Rechtsgeschäfte. Sie sind von Anfang an ungültig und gelten als nicht abgeschlossen, z. B. wenn ein Rechtsgeschäft

- gegen Strafgesetze verstößt,
  Beispiel: Handel mit verbotenen Drogen;
- ein Scheingeschäft ist,
  Beispiel: Ein Arbeitgeber schließt Arbeitsverträge ab, um Lohnkostenzuschüsse zu bekommen, beschäftigt aber keine Arbeitnehmer;
- ein Scherzgeschäft ist,
  Beispiel: Der Verkauf eines Grundstücks auf dem Mond;
- sich nicht an Formvorschriften hält,
  Beispiel: Der Kauf eines Grundstücks ohne notarielle Beurkundung;
- mit Geschäftsunfähigen abgeschlossen wird,
  Beispiel: der Verkauf eines E-Scooters an ein 5-jähriges Kind;
- mit Personen abgeschlossen wird, die nicht im vollen Besitz ihrer geistigen Kräfte sind,
  Beispiel: Ein unter Drogen Stehender verkauft seine Eigentumswohnung.

Kurz zusammengefasst:

1. Rechtsgeschäfte bestehen aus einen Erfüllungs- und einem Verpflichtungsgeschäft und müssen bis auf wenige Ausnahmen nicht schriftlich abgeschlossen werden.
2. Wird ein anfechtbares Rechtsgeschäft tatsächlich angefochten, dann ist es rückwirkend unwirksam.
3. Nichtige Rechtsgeschäfte sind von Anfang an ungültig und gelten als nicht abgeschlossen.

Bearbeiten Sie jetzt die Aufgaben 1 bis 8: Arten und Formen von Rechtsgeschäften.

Multiple-Choice-Aufgaben

1. Sie bestellen in einem Café einen Cappuccino und einen Bagel. Das Erfüllungsgeschäft ist hier …

1. die mündliche Bestellung. ☐
2. die Bonierung durch die Servicekraft. ☐
3. das Servieren der Bestellung. ☐
4. der Verzehr von Getränk und Beilage. ☐
5. die Bezahlung der Rechnung. ☐

2. In welchem Fall liegt ein einseitiges Rechtsgeschäft vor?

1. Bestellung bei einem Lieferanten ☐
2. Lieferung gegen Vorkasse ☐
3. Verkauf von Waren auf einem Wochenmarkt ☐
4. Einstellung von Saisonarbeitnehmern ☐
5. Kündigung eines Arbeitnehmers ☐

3. Welches Rechtsgeschäft ist anfechtbar?

1. Kauf auf Probe ☐
2. Lieferung von Kabeljau, deklariert als Seezunge ☐
3. Eigentumsvorbehalt an einer Ware ☐
4. Notarieller Kaufvertrag ☐
5. Verkauf eines Reitpferdes „mit Handschlag" ☐

4. Welches Rechtsgeschäft ist unwirksam?

1. Ein Jugendlicher kauft sich zehn Portionen Extasy. ☐
2. Sie stornieren eine im Internet gebuchte Flugreise. ☐
3. Ein Einzelhändler bezahlt nur den Mindestlohn. ☐
4. Ein Kaufmann erwirbt eine Option auf ein Nachbargrundstück. ☐
5. Ein Textileinzelhändler kauft Ware direkt beim Hersteller in Ostasien. ☐

5. Welches Rechtsgeschäft ist anfechtbar (a), nichtig (b) oder gültig (c)?

1. Ein Immobilienmakler verkauft Grundstücke am Amazonas. ☐
2. Ein Fachhändler verkauft E-Scooter zu überhöhten Preisen. ☐
3. Ein 17-Jähriger erwirbt von seiner Großmutter eine Eigentumswohnung gegen Handschlag. ☐
4. Ein Caterer schließt einen Bewirtungsvertrag mit dem 13-jährigen Sohn eines zuverlässigen Kunden. ☐
5. Ein Restaurant bietet Garnelen als Scampi an. ☐

6. In welchem Gesetz sind die Formvorschriften für Rechtsgeschäfte geregelt?

1. Grundgesetz (GG) ☐
2. Zivilprozessordnung (ZPO) ☐
3. Strafprozessordnung (StPO) ☐
4. Handelsgesetzbuch (HGB) ☐
5. Bürgerliches Gesetzbuch (BGB) ☐

7. In welchem Fall liegt ein Scherzgeschäft vor?

1. Ein Kunde bezahlt eine Rechnung immer bar mit Geldscheinen. ☐
2. Ein Immobilienmakler nimmt nur Geldscheine an. ☐
3. Ein Kunde kauft mit falschen Daten online Ware ein. ☐
4. Ein Kaufmann bietet Frischluft in Papiertüten zu je 1 Liter an. ☐
5. Ein Discounter bietet Schokoladenhasen im Sommer an. ☐

8. Ein anfechtbares Rechtsgeschäft …

1. ist nichtig. ☐
2. erfolgte ohne Kaufvertrag. ☐
3. erfolgte einseitig. ☐
4. muss wiederholt werden. ☐
5. kann angefochten werden. ☐

2.3 Kaufverträge, Vertragsarten

Ein Kaufvertrag regelt den Übergang einer Sache vom Verkäufer zum Käufer. Er besteht aus einem Verpflichtungs- und einem Erfüllungsgeschäft und kommt zustand durch Angebot oder Antrag.

Fall A		Fall B
Der **Verkäufer macht ein Angebot:** „Das Smartphone der Marke XYZ kostet 150 €." **Willenserklärung I (Verpflichtungsgeschäft)**	**Durch volle inhaltliche Übereinstimmung kommt der Kaufvertrag zustande (mündlich oder schriftlich).**	Der **Käufer stellt einen Antrag:** „Ich möchte ein Smartphone der Marke XYZ für 150 € kaufen." **= Willenserklärung I (Verpflichtungsgeschäft)**
Der Käufer nimmt das Angebot an **= Willenserklärung II (Erfüllungsgeschäft)** und bestellt die Ware oder bezahlt den vereinbarten Preis für die Ware und erhält sie vom Verkäufer.		**Der Verkäufer nimmt den Antrag an** **= Willenserklärung II (Erfüllungsgeschäft)** und übergibt die Ware, überträgt das Eigentum und erhält den vereinbarten Preis vom Käufer.

Jeder Kaufvertrag soll folgende Punkte regeln:

- Art und Beschaffenheit der Ware, z. B. Blue-Ray-Player der Marke XYZ, Modell Hit-Master;
- Preis der Ware, z. B. Blue-Ray-Player;
- Lieferbedingungen, z. B. unfrei, frei, frei Haus, ab Werk;
- Zahlungsbedingungen, z. B. Zahlung Zug um Zug, innerhalb einer Frist, nach Ablauf einer vereinbarten Frist, Vorauszahlung, Anzahlung und Restzahlung, Ratenzahlung.

Ein Rabatt, z. B. 10 % Mengenrabatt, muss extra vereinbart werden. Ein Skonto, z. B. 2 % bei Barzahlung innerhalb von 30 Tagen, ist gesondert zu vereinbaren.

- Erfüllungsort, z. B. der Geschäftssitz des Verkäufers, wenn nichts anderes vereinbart ist;
- Gerichtsstand, z. B. der Wohnort des Käufers, wenn nichts anderes vereinbart ist;
- allgemeine Geschäftsbedingungen (AGB), sie dürfen den Käufer nicht unangemessen benachteiligen.

Ein Kaufvertrag kann also auf zwei Wegen zustande kommen:

Angebot + Bestellung — es entsteht ein → **Kaufvertrag**

oder

Bestellung + Annahme der Bestellung — es entsteht ein → **Kaufvertrag**

Kaufverträge lassen sich folgendermaßen unterscheiden:

Rechtliche Stellung der Vertragspartner	Art, Beschaffenheit und Qualität der Ware	Lieferbedingungen	Zahlungsbedingungen
• Einseitiger Handelskauf: Ein Vertragspartner ist Kaufmann. • Zweiseitiger Handelskauf: Beide Vertragspartner sind Kaufleute. • Bürgerlicher Kauf: Beide Vertragspartner sind Nicht-Kaufleute.	• Kauf auf Probe: Der Käufer testet die Ware und hat ein Rückgaberecht. • Kauf zur Probe: der Kunde testet die Ware ohne feste Kaufabsicht. • Kauf nach Probe: Der Kunde testet ein Muster und kauft dann die Ware. • Spezifikationskauf: Der Käufer kann bei jeder neuen Bestellung Änderungen verlangen. • Stückkauf: Die Ware ist ein Einzelstück, ein Unikat. • Ramschkauf: Der Käufer ordert Ware ohne Qualität zum Pauschalpreis. • Gattungskauf: Die Ware ist mehrfach vorhanden und wird in mittlerer Qualität geliefert.	• Fixkauf: Die Ware wird zur Lieferung an einem bestimmten Termin bestellt; das muss im Kaufvertrag vereinbart werden, z. B. mit „fix" oder „am …". • Kauf auf Abruf: Der Käufer ruft Teilmengen der bestellten Ware ab und spart so u. a. Lagerkosten. • Einkauf: Die bestellte Ware muss zu einem bestimmten Termin geliefert werden, z. B. „am 12. 02. 2020" oder „vier Wochen nach Eingang der Bestellung".	• Barkauf: Die Ware wird unmittelbar bei Übergabe bezahlt; das kann auch bargeldlos erfolgen, z. B. mit einer Geldkarte oder einer Kreditkarte; • Ratenkauf: Der Kaufpreis wird in gleich Raten aufgeteilt, die in gleichen Zeitabständen vom Käufer zu leisten sind; die Ware bleibt bis zur kompletten Zahlung des Kaufpreises im Eigentum des Verkäufers, der Kunde erwirbt nur das Besitzrecht (Eigentumsvorbehalt nach § 449 BGB). • Zielkauf: Die Ware wird zu einem bestimmten Zeit nach Lieferung bezahlt, z. B. „30 Tage nach Lieferung". • Kommissionskauf: Die Ware muss erst nach dem Weiterverkauf bezahlt werden.

Wichtig:
Eigentum ist die rechtliche Herrschaft über eine Sache, Besitz die tatsächliche Herrschaft.
Die Lieferbedingungen sind im Kaufvertrag zu vereinbaren. Wird nichts vereinbart, so gelten die gesetzlichen Regelungen.

Platzkauf	Versendungskauf
Geschäftssitz von Käufer und Verkäufer befinden sich am gleichen Ort.	Geschäftssitz von Käufer und Verkäufer befinden sich an verschiedenen Orten.
Der Käufer trägt die Lieferkosten.	Der Verkäufer trägt die Lieferkosten.

Käufer und Verkäufer können die Lieferbedingungen und Beförderungskosten frei vereinbaren. Für die Lieferung gibt es verschiedene Möglichkeiten:

Lieferung			
Ab Werk, ab Lager, ab Fabrik	Unfrei, ab Bahnhof hier	Frachtfrei, frei dort, frei Bahnhof dort	Frei Haus, frei Lager
Alle Lieferungskosten trägt der Käufer.	Der Käufer trägt die Lieferungskosten ab Versandbahnhof.	Der Käufer trägt die Lieferungskosten ab Empfangsbahnhof.	Alle Lieferungskosten trägt der Verkäufer.
Hinweis: In Deutschland werden 75 % der Güter mit LKWs auf der Straße transportiert. Die Vereinbarungen „ab Bahnhof hier" und „frei Bahnhof dort" haben nur noch geringe Bedeutung.			

Zu den Beförderungskosten zählen auch die Wiege- und Verladekosten, die Entladekosten sowie die Hausfracht Versand und die Hausfracht Empfang. Das sind die Kosten jeweils zum Verladebahnhof oder vom Empfangsbahnhof zum Käufer.

Eine Besonderheit sind sogenannte Fernabsatzverträge. Hier stehen sich Verkäufer und Käufer nicht direkt gegenüber, sondern Angebot, Bestellung und Auftragsannahme erfolgen per Katalogbestellung telefonisch, per Fax, E-Mail oder online – auch E-Commerce genannt.
In diesem Fall hat der Verkäufer besondere Informationspflichten, denn er muss beispielsweise genaue Auskunft geben über:

- Name und Anschrift,
- wesentliche Merkmale wie Preis, Nebenkosten und sonstige Kosten,
- ein Widerrufsrecht von zwei Wochen,
- allgemeine Geschäftsbedingungen; sie müssen bei Bestellungen im Internet vor Abschluss der Bestellung gelesen und ausgedruckt werden können; mit einem Button zum Anklicken muss der Kunde bestätigen, dass er sie zur Kenntnis genommen hat.

Einem Kaufvertrag geht in der Regel ein Angebot voraus. Dabei erklärt der Verkäufer meist schriftlich, unter welchen Bedingungen er bereit ist, einem Käufer eine bestimmte Ware zu liefern oder eine Dienstleistung zu erbringen. Ein Angebot soll folgende Mindestbedingungen enthalten:

- Art, Beschaffenheit und Qualität der Ware oder Dienstleistung,
- Lieferbedingungen,
- Zahlungsbedingungen,
- zulässige Preisabzüge durch den Käufer, wie z. B. Skonti und Rabatte,
- Hinweise zur Gewährleistung: Hier ist zu beachten, dass ein Kunde einen gesetzlichen Anspruch auf Gewährleistung hat, bei mangelhafter neuer Ware zwei Jahre. Eine Garantie bietet ein Verkäufer freiwillig an. Es lässt sich daraus kein Rechtsanspruch ableiten, denn Garantie ist meist ein Marketinginstrument. Eine Garantie kann die gesetzliche Gewährleistung in keinem Fall verringern, ersetzen oder außer Kraft setzen.

Kurz zusammengefasst:

1. In Kaufverträgen sollen geregelt sein: Art, Beschaffenheit und Qualität der Ware, Lieferbedingungen und Zahlungsbedingungen.
2. Werden keine Lieferungsbedingungen vereinbart, so gelten die gesetzlichen Regelungen für Platzkauf und Versendungskauf.
3. Für Fernabsatzverträge, so der Kauf im Internet, gelten besondere gesetzliche Vorschriften.
4. Das Angebot eines Verkäufers soll Mindestbedingungen enthalten, das vermeidet Missverständnisse und später juristische Auseinandersetzungen.
5. Auf Gewährleistung besteht ein gesetzlicher Anspruch gegenüber dem Hersteller, Garantie ist meist ein Marketinginstrument des Verkäufers.

Bearbeiten Sie jetzt die Aufgaben 1 bis 10: Kaufvertrag, Vertragsarten.

Multiple-Choice-Aufgaben

Ihnen liegt ein Angebot über Multifunktionsdrucker und eine Bestellung vor. Bearbeiten Sie Aufgabe 1–6 mit Hilfe der beiden folgenden Vorlagen.

Angebot:

Drucker GmbH Südgasse 1 06217 Merseburg

IT-Produkte Huber
Frau M. Schäffer
Nordallee 2
22119 Hamburg

25.05.2020

Wir danken für Ihre Anfrage und können Ihnen bis zum 10.06.2020 anbieten:

A Multifunktionsdrucker, Modell XP 21, Farbe schwarz,
Druckleistung; schwarz 200 Blatt, farbig 150 Blatt A4/Minute.
Maße: B x H x T = 40 x 30 x 30 cm
Gewicht: 2,2 kg
Inkl. stapelfähige Verpackung
Listenpreis: 210 €/St.
Artikel-Nummer: 20 30 10

B Ein Druckerpatronensatz: 95,- €/St., kann geliefert werden

C Wir gewähren die übliche gesetzliche Gewährleistung.

D Die Lieferung erfolgt ab Werk.

E Bei Abnahme von 30 Druckern können wir Ihnen einen Rabatt von 10 % gewähren.

F Die Zahlung erwarten wir innerhalb von 8 Tagen abzüglich 3 % Skonto oder innerhalb von 30 Tagen.

G Die Ware bleibt bis zur vollständigen Bezahlung Eigentum des Verkäufers.

Wir freuen uns auf den Eingang Ihrer Bestellung.
Mit freundlichen Grüßen

i.V. H. Hanselmann
(Frau Henriette Hanselmann)

Bestellung:

IT-Produkte Huber Nordallee 2 22119 Hamburg

An
Drucker GmbH
Frau Henriette Hanselmann
Südgasse 1
06217 Merseburg

01.06.2020

Sehr geehrte Frau Hanselmann,

Wir danken für Ihr Angebot und bestellen
30 Multifunktionsdrucker, Modell XP 21, Farbe schwarz,
Artikel-Nummer: 20 30 10
Listenpreis: 210 €/St. inkl. Mehrwertsteuer, abzüglich 10 % Rabatt

Lieferung ab Werk innerhalb von 14 Tagen

Mit freundlichen Grüßen

M. Schäffer

1. Enthält das Angebot alle für den Kunden wichtigen Informationen?

1. Nein, für die Druckerpatronen muss ein eigenes Angebot gemacht werden. ☐
2. Nein, die Zahlungsbedingungen sind nicht eindeutig. ☐
3. Nein, die Lieferung muss frei Haus erfolgen. ☐
4. Nein, denn Frau Hanselmann muss ihre Prokurabescheinigung beilegen. ☐
5. Ja, uneingeschränkt. ☐

2. Ist die Firma Drucker GmbH an ihr Angebot gebunden?

1. Nein, die Bestellung hätte am gleichen Tag eingehen müssen. ☐
2. Nein, ein Angebot ist immer freibleibend. ☐
3. Ja, die Bestellung ging innerhalb einer Woche ein. ☐
4. Nein, es ist keine Freizeichnungsklausel, z. B. solange Vorrat reicht, angegeben. ☐
5. Nein, die Bestellung hätte sofort per Fax eingehen müssen. ☐

3. Welche Art von Kaufvertrag liegt durch die Bestellung vor?

1. Kauf zur Probe ☐
2. Terminkauf ☐
3. Kauf auf Probe ☐
4. Kauf auf Abruf ☐
5. Spezifikationskauf ☐

4. Welche Gewährleistung bietet die Firma Drucker GmbH an (siehe Zeile C)?

1. Keine Gewährleistung ☐
2. Gewährleistung freibleibend ☐
3. Gewährleistung nur bei Totalausfall ☐
4. Gesetzliche Gewährleistung zwei Jahre ☐
5. Gewährleistung nach den Garantieregeln der Firma IT Produkte Huber ☐

5. Welche Art von Kaufvertrag liegt durch die Bestellung vor?

1. Zweiseitiger Handelskauf ☐
2. Einseitiger Handelskauf ☐
3. Bürgerlicher Handelskauf ☐
4. Stückkauf ☐
5. Gattungskauf ☐

6. Was bedeutet die Angabe unter D: Die Lieferung erfolgt ab Werk?

1. Die Firma Drucker GmbH trägt die Lieferkosten. ☐
2. Die Firma IT Produkte Huber trägt die Lieferkosten. ☐
3. Käufer und Verkäufer teilen sich die Lieferkosten zu gleichen Teilen. ☐
4. Die Lieferkosten sind im Angebotspreis enthalten. ☐
5. Die Lieferkosten tragen die Kunden der Firma IT Produkte Huber in Form eines Werkszuschlags. ☐

7. Zu welchem Termin muss die Firma IT Produkte Huber den Rechnungsbetrag überweisen, um den Rabatt von 10 % in Anspruch nehmen zu können?

1. Acht Tage nach Lieferung ☐
2. Bei Beginn des Verkaufs an Kunden der Firma IT Produkte Huber ☐
3. Nach Lieferung der letzten Sendung von Druckern ☐
4. Sofort bei Lieferung ☐
5. 30 Tage nach Lieferung ☐

8. Wie nennt man die Klausel in Zeile G des Angebots?

1. Freizeichnungsklausel ☐
2. Freibriefklausel ☐
3. Käuferschutzklausel ☐
4. Eigentumsvorbehalt ☐
5. Gläubigerschutzbrief ☐

9. Die Firma IT Produkte Huber erhält die Sendung am 10.06.2020 und bezahlt die Rechnung am 05.07.2020. Welchen Rechnungsbetrag muss sie überweisen?

1. 5670 € (30 x 210 € – 10 % Rabatt) ☐
2. 6300 € (30 x 210 €) ☐
3. 6174 € (30 x 210 € – 2 % Skonto) ☐
4. 210 € und bei jedem verkauften Drucker weitere 210 € ☐
5. Der Kaufpreis muss durch einen eigenen Vertrag geregelt werden. ☐

10. Wie müssen Angebot und Bestellung übermittelt werden, damit sie verbindlich sind?

1. Eingeschriebener Brief ☐
2. SMS ☐
3. Kurzmitteilung mit Instant-Messaging-Dienst ☐
4. Fax oder Brief ☐
5. Telefonisch mit Sprachaufzeichnung ☐

2.4 Leistungsstörungen und Verjährung

Das gesetzliche Schuldrecht aus dem Jahr 2002 hat nicht nur den Verbraucherschutz verbessert, es ist auch übersichtlich geregelt, welche Leistungsstörungen bei Rechtsgeschäften auftreten können. In der Übersicht ist auch zu sehen, welche Möglichkeiten es für die Geschädigten gibt, auf Leistungsstörungen zu reagieren. Man unterscheidet:

Leistungsstörungen verursacht durch

den Verkäufer (Lieferant)		**den Käufer** (Kunde)	
Nicht-Rechtzeitig-Lieferung (früher: Lieferungsverzug)	**Schlechtleistung** (früher: mangelhafte Lieferung)	**Gläubigerverzug** (früher: Annahmeverzug)	**Nicht-Rechtzeitig-Zahlung** (früher: Zahlungsverzug)
Der Verkäufer hat sich im Kaufvertrag verpflichtet,		**Der Käufer hat sich im Kaufvertrag verpflichtet,**	
die Ware am rechten Ort, zur rechten Zeit und in der rechten Art und Weise zu liefern.	eine mangelfreie Ware zu liefern.	die bestellte Ware abzunehmen.	den Kaufpreis wie vereinbart zu bezahlen.
Die Ware wird jedoch durch Verschulden des Lieferanten nicht rechtzeitig geliefert, deshalb liegt eine „Nicht-Rechtzeitig-Leistung“ vor.	Die Ware hat jedoch • **Rechtsmängel** (§ 435 BGB), z. B. • der Verkäufer ist nicht Eigentümer der Ware • die Ware ist mit einem Pfandrecht belastet • **Sachmängel** (§ 434 BGB), z. B. die Ware • ist fehlerhaft • ist eine Falschlieferung • ist eine Zuwenig-Lieferung • hat Montagemängel • hat eine mangelhafte Montageanleitung • hat nicht die in der Werbung zugesicherten Eigenschaften	Der Käufer weigert sich bei Lieferung, die Ware anzunehmen.	Die Ware wird jedoch durch den Schuldner (Käufer) nicht rechtzeitig bezahlt, deshalb liegt ein Schuldnerverzug vor. Der Verkäufer (Gläubiger) hat neben den unten genannten Rechten das Recht auf Verzugszinsen. Sie betragen: **Basiszinssatz + Verzugszinssatz** 2019: Basiszinssatz: -0,88 %, Verzugszinssatz für Verbrauchergeschäfte: 4.12 % nach § 288 (1) BGB (Den Basiszinssatz legt die Bundesbank halbjährlich neu fest.)
Der **Käufer** als Vertragspartner		Der **Verkäufer** (Gläubiger) als Vertragspartner	
hat das Recht auf • **Lieferung + Schadenersatz** (für den Verzögerungsschaden) • **Schadenersatz statt Leistung** (für den Nichterfüllungsschaden) **und gleichzeitig** • **Rücktritt vom Vertrag**	hat das Recht **vorrangig auf** • **Nacherfüllung** durch • Nachbesserung oder • Neulieferung zusätzlich das Recht auf Schadenersatz neben der Leistung, wenn ein Verschulden des Verkäufers vorliegt; **nachrangig auf** • **weitere Sanktionen** (nach Ab-lauf der Frist zur Nacherfüllung): • Rücktritt vom Vertrag • Minderung • Schadenersatz statt Leistung • Ersatz vergeblicher Aufwendungen	hat das Recht auf · Klage auf Abnahme der Ware · Hinterlegung oder Selbsthilfeverkauf · Kostenerstattung	hat das Recht auf • **Zahlung + Schadenersatz** (für den Verzögerungsschaden) • **Ersatz** vergeblicher Aufwendungen, z. B. Vertragskosten • **Schadenersatz statt Leistung** (für den Nichterfüllungsschaden) **und gleichzeitig** • **Rücktritt vom Vertrag**

Im Schuldrecht sind auch die Fristen für Sach- und Rechtsmängel geregelt.
Sie betragen:

- zwei Jahre im üblichen Geschäftsverkehr, außer es bestehen aus anderen Gründen längere Fristen,
- drei Jahre für arglistig verschwiegene Mängel,
- fünf Jahre für Mängel an Bauwerken,
- 30 Jahre für Rechte, die in ein Grundbuch eingetragen sind.

Daneben gibt es noch allgemeine Verjährungsfristen.
Sie betragen:

- zwei Jahre für allgemeine Ansprüche,
- zehn Jahre für Rechte an Grundstücken,
- 30 Jahre für familien- und erbrechtliche Ansprüche.

Eine Verjährung beginnt in jedem Fall am Ende des Jahres, in dem ein Gläubiger von einem Mangel Kenntnis erhält. Nach Eintritt der Verjährung besteht ein Rechtsanspruch zwar weiter, der Schuldner ist aber berechtigt, die Leistung zu verweigern. Es tritt die sogenannte Beweislastumkehr ein: Der Käufer muss nachweisen, dass er den Schaden nicht verursacht hat. Das gleiche gilt aber auch für den Verkäufer einer Ware, die mit Mängeln behaftet ist.
Die Verjährung wird gehemmt, d.h. es tritt eine Pause in der Verjährungsfrist ein, und zwar

- wenn der Anspruch juristisch verfolgt wird,
- wenn über den Anspruch verhandelt wird,
- bei Leistungsverweigerung,
- bei höherer Gewalt.

Kurz zusammengefasst:

1. Schlechtleistung und Nicht-Rechtzeitig-Lieferung sind Leistungsstörungen, verursacht durch den Verkäufer.
2. Gläubigerverzug und Nicht-Rechtzeitig-Zahlung sind Leistungsstörungen, verursacht durch den Käufer.
3. Käufer und Verkäufer haben abgestufte gesetzliche Rechte bei Leistungsstörungen, bis hin zum Rücktritt vom Kaufvertrag.
4. Verjährungsfristen können nicht beliebig festgesetzt werden, sie sind im BGB geregelt.

Bearbeiten Sie jetzt die Aufgaben 1 bis 8: Leistungsstörungen und Verjährung.

Multiple-Choice-Aufgaben

1. In welchem Fall liegt eine Schlechtleistung mit Rechtsmängeln vor?

1. Die Ware ist fehlerhaft. ☐
2. Es wurde zu wenig Ware geliefert. ☐
3. Die Montageanleitung ist fehlerhaft. ☐
4. Es fehlt eine Rechtsbelehrung beim Angebot. ☐
5. Der Verkäufer ist nicht Eigentümer der Ware. ☐

2. Bei Nicht-Rechtzeitig-Lieferung kann der Käufer …

1. Schadenersatz geltend machen. ☐
2. sofort vom Vertrag zurücktreten. ☐
3. sofort einen anderen Lieferanten beauftragen. ☐
4. eine Vertragsstrafe festsetzen. ☐
5. den Kaufpreis halbieren. ☐

3. In welchem Fall liegt ein Gläubigerverzug vor?

1. Der Verkäufer kann nicht rechtzeitig liefern. ☐
2. Der Käufer zahlt nicht innerhalb von 30 Tagen nach Lieferung. ☐
3. Es liegt eine Überschuldung des Käufers vor. ☐
4. Es liegt eine Überschuldung des Verkaufes vor. ☐
5. Der Käufer weigert sich, die Ware anzunehmen. ☐

4. Ein Gläubiger kann bei Nicht-Rechtzeitig-Zahlung …

1. die Schuld mit Gewalt eintreiben. ☐
2. die Ware beim Käufer selbst beschlagnahmen. ☐
3. die Bank des Kunden verklagen. ☐
4. Verzugszinsen und Schadenersatz fordern. ☐
5. Erzwingungshaft für den Käufer beantragen. ☐

5. Ein Käufer macht nach 18 Monaten Mängel an einem Mobiltelefon geltend.

1. Der Verkäufer kann die Leistung verweigern. ☐
2. Der Verkäufer muss das Gerät umtauschen. ☐
3. Dem Käufer steht die Gewährleistung zu. ☐
4. Der Käufer muss die Ursache des Schadens begründen. ☐
5. Es liegen arglistig verschwiegene Mängel vor. ☐

6. Eine Verjährungsfrist wird gehemmt, wenn …

1. sie verkürzt wird. ☐
2. sie außer Kraft gesetzt wird. ☐
3. eine Pause der Verjährung eintritt. ☐
4. ein Käufer auf Ansprüche verzichtet. ☐
5. durch Gewährleistung abgegolten ist. ☐

7. Ein Verkäufer bietet Waschmaschinen mit beschädigter Oberfläche zum Sonderpreis an. Welche Auswirkung hat das auf Verjährungsfristen bei Mängeln?

1. Bei schadhafter Ware sind keine Ansprüche aus Mängeln möglich. ☐
2. Es liegt ein Ramschverkauf vor, es gibt keine Gewährleistung. ☐
3. Die Verjährungsfrist beträgt hier fünf Jahre, weil ein Großgerät vorliegt. ☐
4. Alle Ansprüche, außer diejenigen bei verdecken Mängeln, verjähren sofort. ☐
5. Die Verjährungsfrist beträgt zwei Jahre. ☐

8. Was versteht man unter Beweislastumkehr bei Mängel an Waren?
Die Beweislast für Mängel trägt …

1. immer der Verkäufer. ☐
2. immer der Käufer. ☐
3. der Hersteller oder Importeur. ☐
4. nach Ablauf der Verjährungsfrist der Käufer. ☐
5. nach Ablauf der Verjährungsfrist der Verkäufer. ☐

2.5 Rechtsformen von Unternehmen

Wer in Deutschland Güter und Dienstleistungen produziert und auf dem Markt anbietet, betreibt ein Gewerbe und kann die Rechtsform des Unternehmens frei wählen. Sie muss aber am Namen der Firma erkennbar sein. Die Wahl einer bestimmten Rechtsform hängt ab von

- der Art des Unternehmens und
- den Eigentumsverhältnissen.

Im Handelsrecht werden unterschieden:

- Einzelunternehmen: eine Person gründet oder betreibt ein Unternehmen,
- Gesellschaft: mehrere Personen gründen oder betreiben ein Unternehmen.

Rechtsformen von Unternehmen

	Einzelunternehmen (eine Person gründet oder betreibt ein Unternehmen)	**Gesellschaften** (mehrere Personen gründen oder betreiben ein Unternehmen)						**1 bis 3 Personen**
		Personengesellschaften			**Kapitalgesellschaften**		**Sonderformen**	
		OHG (Offene Handels-gesellschaft nach HGB)	**GbR** (Gesellschaft bürgerlichen Rechts nach BGB)	**KG** (Kommandi-tgesellschaft nach HGB)	**GmbH** (Gesellschaft mit beschränkter Haftung nach HGB, GmbH-Gesetz)	**AG** (Aktien-gesellschaft nach AktG)	**eG** (eingetragene Genossenschaft)	**Unternehmergesellschaft „Mini-GmbH"**
Firma = Name des Unternehmens	Beliebig, evtl. mit Zusatz e.K., e.Kfm, e.Kfr.	beliebig, mit Zusatz „OHG"	Beliebig, mit Zusatz „GbR"	beliebig, mit Zusatz „KG"	beliebig, mit Zusatz „GmbH"	beliebig, mit Zusatz „AG"	beliebig, mit Zusatz „eG"	beliebig, mit Zusatz „UG"
Beispiel	Müllermehl e.K.	Müllermehl OHG	Müllermehl GbR	Müllermehl KG	Müllermehl GmbH	Müllermehl AG	Müllermehl eG	Müllermehl UG
Kapital	kein Min-dest-kapital gesetzlich vorgeschrieben	kein Min-dest-kapital gesetzlich vorgeschrieben	kein Min-dest-kapital gesetzlich vor-geschrieben	kein Min-dest-kapital gesetzlich vor-geschrieben	Stammkapital 25.000 €	Grundkapital: 50.000 €; Nennwert je Aktie: min. 1 €	kein Min-dest-kapital gesetzlich vorgeschrieben	Mindestkapital 1 €
Haftung	Inhaber unbeschränkt mit Geschäfts- und Privatvermögen	alle Ge-sell-schafter unbegrenzt mit Geschäfts- und Privat-vermögen (gesamtschuldnerisch)	alle Gesellschafter unbegrenzt mit Geschäfts- und Privat-vermögen (gesamtschuldnerisch)	Komplementäre = Vollhafter wie bei OHG Kommanditisten = Teilhafter mit ihrer Einlage	alle Gesellschafter mit ihrem Anteil an der GmbH, mind. 1 Gesellschafter	alle Ge-sell-schafter (= Aktionäre) mit ihrem Aktienanteil	alle Genossen mit ihrem Genossenschaftsanteil	alle Gesellschafter mit ihrem Anteil an der UG (max. 3 Gesellschafter)
Geschäftsführung	Inhaber	alle Gesellschafter	Geschäftsführer (von den Gesellschaftern bestimmt)	nur die Komplementäre	Geschäftsführer (von den Gesellschaftern bestimmt)	Vorstand (vom Aufsichtsrat gewählt)	zwei Genossen (von der Generalversammlung gewählt)	Geschäftsführer (von den Gesellschaftern bestimmt)
Gewinnbeteiligung	Inhaber	jeder Gesellschafter: 4 % seiner Kapitaleinlage, Rest: nach Köpfen	jeder Gesellschafter nach der Höhe seines Gesellschaftsanteils	jeder Gesellschafter 4 % seiner Kapitaleinlage; Rest: nach Beschluss	jeder Gesellschafter nach der Höhe seines Gesellschaftsanteils	Dividende = Ausschüttung bezogen auf den Nennwert der Aktie	jeder Genosse nach der Höhe seines Genossenschaftsanteils	25 % des Gewinns: zur Erhöhung des Kapitals, Rest an die Gesellschafter
Anzahl: Deutschland	ca. 2,2 Mio.	ca. 0,15 Mio.	ca. 0,20 Mio.	ca. 0,1 Mio.	ca. 0,5 Mio.	ca. 8000	ca. 5000	ca. 4000

Jeder, der ein Unternehmen mit einem in kaufmännischer Weise eingerichteten Geschäftsbetrieb führt, ist im Sinne des Gesetzes ein Kaufmann oder eine Kauffrau. Man unterscheidet:

Art	Ist-Kaufmann	Kann-Kaufmann	Formkaufmann
Beispiele für Geschäftstätigkeit	Handelsgewerbe, z. B. Heiner Hansen, Lebensmittel	Kleingewerbe, z. B. Luise Leine, Nagelstudio	Unternehmen der Rechtsform GmbH und AG, z. B. Z-Markt GmbH
Eintrag in das Handelsregister	MUSS	KANN	MUSS

Das Handelsregister ist ein Verzeichnis der Rechtsverhältnisse in Unternehmen. Es wird am zuständigen Amtsgericht geführt und ist öffentlich, d. h. von jedermann einzusehen. Eingetragen sind

- Name, Sitz, Zweck und Rechtsform des Unternehmens,
- Name des Inhabers bzw. des persönlich haftenden Gesellschafters, Geschäftsführung, Vorstand,
- Zweigniederlassungen,
- Erteilung und Entzug von Prokura (Handlungsvollmacht),
- Höhe des Grund-, Stamm- oder Kommanditkapitals,
- Eröffnung eines Insolvenzverfahrens und der Auflösung des Unternehmens.

Kurz zusammengefasst:

1. Die Rechtsform eines Unternehmens gibt Auskunft über Eigentümer und Haftung.
2. Im Einzelhandel findet man je nach Größe und Umsatz die Rechtsformen Einzelunternehmen, Personen- und Kapitalgesellschaften.
3. Das Handelsregister ist ein Verzeichnis der Rechtsverhältnisse in Unternehmen.

Bearbeiten Sie jetzt die Aufgaben 1 bis 9: Rechtsformen von Unternehmen.

Multiple-Choice-Aufgaben

1. Was trifft für die Rechtsform Einzelunternehmen zu?

1. Diese Unternehmensform ist bei Familienunternehmen üblich. ☐
2. Der Inhaber haftet mit nur mit seinem Geschäftsvermögen. ☐
3. Diese Rechtsform ist nur für kleine Unternehmen zulässig. ☐
4. Jedes Unternehmen ist bei der Gründung ein Einzelunternehmen. ☐
5. Eine Person ist Inhaber. ☐

2. Um welche Art von Unternehmen handelt es sich bei der Firmenbezeichnung: Lisa Lehner, Trinkhalle?

1. Mini-GmbH ☐
2. OHG ☐
3. KG ☐
4. Einzelunternehmen ☐
5. GmbH ☐

3. Wie hoch ist das Mindestkapital eines Einzelunternehmens?

1. 1 € ☐
2. 1000 € ☐
3. 25 000 € ☐
4. 50 000 € ☐
5. Kein Mindestkapital ☐

4. Was bestimmt hauptsächlich die Wahl einer bestimmten Rechtsform?

1. Größe des Unternehmens ☐
2. Lage des Unternehmens ☐
3. Eigentumsverhältnisse ☐
4. Geschäftszweck ☐
5. Anzahl der Mitarbeiter ☐

5. Was ist nicht im Handelsregister eingetragen?

1. Name des Geschäftsführers ☐
2. Gewinn im letzten Geschäftsjahr ☐
3. Unternehmenszweck ☐
4. Zweigniederlassungen ☐
5. Namen der Prokuristen ☐

6. Wer haftet in einem Unternehmen der Rechtsform GmbH?

1. Die Gesellschafter mit ihre Firmen- und Privatvermögen ☐
2. Die Gesellschafter mit ihren Geschäftsanteilen ☐
3. Prokuristen und Geschäftsführer gemeinsam ☐
4. Die Mitarbeiter mit je einem Monatsgehalt ☐
5. Die Komplementäre und Kommanditisten ☐

7. In welcher Unternehmensform gibt es Aufsichtsrat und Vorstand?

1. Genossenschaft ☐
2. Personengesellschaft ☐
3. Aktiengesellschaft ☐
4. Mini-GmbH ☐
5. OHG ☐

8. Recht auf Einsicht in das Handelsregister beim Amtsgericht haben …

1. nur Geschäftspartner eines Unternehmens. ☐
2. nur Vertreter der Hausbank eines Unternehmens. ☐
3. nur das Finanzamt. ☐
4. alle Personen. ☐
5. alle Bürger mit deutscher Staatsangehörigkeit. ☐

9. Als IST-Kaufmann wird bezeichnet, …

1. wer eine kaufmännische Ausbildung besitzt. ☐
2. wer ein Handelsgewerbe betreibt. ☐
3. jeder Mitarbeiter im Einzelhandel. ☐
4. wer in das Handelsregister eingetragen ist. ☐
5. wer der Geschäftsführer einer GmbH ist. ☐

3 Menschliche Arbeit im Betrieb

Prüfungsgebiet	Themenbereiche	Prüfungsinhalte
In der Abschlussprüfung WISO müssen Sie im Prüfungsgebiet „Menschliche Arbeit im Betrieb" Aufgaben zu folgenden Themenbereichen bearbeiten:	Berufsausbildung	• Berufsausbildungsvertrag • Ausbildungsverordnung • Jugendarbeitsschutzgesetz •
	Tarifrecht	• Tarifverträge • Lohnbildung •
	Arbeitsschutz	• Unfall- und Gesundheitsschutz • Betrieblicher und gesetzlicher Arbeitsschutz • Kündigungsschutz
	Umweltschutz	• Ökolabel • Kreislaufwirtschaft •
	Vertretung und Mitwirkung der Arbeitnehmer	• Betriebsrat • Betriebsversammlung • Mitwirkungsrechte
	Sozialversicherungen	Gesetzliche Sozialversicherungen

3.1 Berufsausbildung

In Deutschland erfolgt die Berufsausbildung zum Verkäufer und zur Verkäuferin durch zwei Partner an zwei verschiedenen Lernorten:

Im Betrieb	In der Berufsschule
• Praktische Ausbildung • Fachbildung • Vermittlung von Fertigkeiten	• Berufsbegleitende theoretische Ausbildung • Zusätzlich Allgemeinbildung • Vermittlung von fachlichen Kenntnissen
Es gilt das Berufsbildungsgesetz (BBiG) und die Ausbildungsordnung „Berufsausbildung zum Verkäufer und zur Verkäuferin sowie zum Kaufmann im Einzelhandel und zur Kauffrau im Einzelhandel".	Es gelten der KMK Rahmenlehrplan „Kaufmann/-frau im Einzelhandel" und die Schulpflichtgesetze der Länder.

Das Berufsbildungsgesetz (BBiG) unterscheidet

- Berufsausbildung (Erstausbildung in einem anerkannten Ausbildungsberuf),
- berufliche Fortbildung, z. B. zum Fachwirt,
- Umschulung, z. B. als Reha-Maßnahme oder bei Wegfall der Tätigkeit,
- Berufsvorbereitung, z. B. Maßnahmen für Förderung der Ausbildungsreife bei Jugendlichen.

Für Ihre Erstausbildung zur Verkäuferin bzw. zum Verkäufer ist die Ausbildungsordnung wichtig. Darin sind geregelt:

- Bezeichnung Ihres Ausbildungsberufs,
- Ausbildungsdauer: zwei Jahre,
- Ausbildungsberufsbild: die beruflichen Fertigkeiten, Kenntnisse und Fähigkeiten, die mindestens Gegenstand Ihre Berufsausbildung sind,
- Ausbildungsrahmenplan: die sachliche und zeitliche Gliederung der Vermittlung der beruflichen Kenntnisse,
- Prüfungsanforderungen, Art und Inhalte der Abschlussprüfung.

Sie können Ihre Ausbildungsordnung, das Berufsbildungsgesetz und den KMK-Rahmenlehrplan im Internet abrufen.

Rechtliche Grundlage für Ihre Ausbildung ist der Berufsausbildungsvertrag. Er muss Folgendes enthalten:

- Art, Beginn und Dauer der Ausbildung,
- zeitliche und sachliche Gliederung der Ausbildung,
- Dauer der Probezeit: mindestens einen Monat, höchstens vier Monate,

- **Ausbildungsvergütung:** Sie muss angemessen sein und mindestens einmal jährlich steigen. Besteht für den Einzelhandel der Region oder für den Betrieb ein verbindlicher Tarifvertrag, müssen die tariflichen Ausbildungsvergütungen bezahlt werden. Die Vergütung wird auch für die Zeit in der Berufsschule und bei Krankheit bis 6 Wochen bezahlt;
- **Urlaub:** Er richtet sich nach den gesetzlichen Regelungen des Jugendarbeitsschutzes. Wer am 1. Januar noch nicht 18, 17 oder 16 Jahre alt ist, erhält als Mindesturlaub in diesem Jahr 25, 27 oder 30 Werktage (Montag bis Samstag);
- **Betriebsvereinbarungen,**
- **tägliche Arbeitszeit:** Sie richtet sich nach der üblichen Arbeitszeit des Betriebs, darf aber für Jugendliche nicht mehr als acht Stunden täglich und 40 Stunden wöchentlich betragen;
- **Pausen:** maximal viereinhalb Stunden Tätigkeit ohne Ruhepausen, mindestens zweimal 15 Minuten Pause bei viereinhalb bis sechs Stunden Arbeitszeit, mindestens 60 Minuten Pause bei mehr als sechs Stunden Arbeitszeit, wobei jede Pause mindestens 15 Minuten lang sein muss;
- **ergänzende Ausbildungsmaßnahmen,** z.B. überbetriebliche Lehrgänge;
- **Kündigung der Ausbildung** (immer schriftlich):
  - vor und in der Probezeit: sofort ohne Angabe von Gründen,
  - nach der Probezeit: nur aus wichtigem Grund sofort, z.B. bei Diebstahl,
    bei Aufgabe der Berufsausbildung,
    in gegenseitigem Einvernehmen, z.B. durch Aufhebungsvertrag;
- **Hinweise** auf Tarifverträge und Betriebsvereinbarungen, die die Ausbildung berühren;
- **Ende der Berufsausbildung:** Diese endet grundsätzlich mit Vertragsende. Liegt der Prüfungstermin vor Vertragsende, so endet die Berufsausbildung mit dem Bestehen des letzten Prüfungsteils.

Hinweis:

- Wenn Sie die Abschlussprüfung nicht bestehen, können Sie die Verlängerung der Ausbildung bis zum nächsten Prüfungstermin verlangen.
- Spätestens drei Monate vor Ende der Ausbildung müssen sich Arbeitgeber und Azubi über eine Weiterbeschäftigung schriftlich einigen. Erfolgt das nicht, entsteht ein unbefristetes Arbeitsverhältnis als Verkäuferin bzw. Verkäufer.

Ein Berufsausbildungsvertrag muss vom Ausbildenden und dem bzw. der Auszubildenden oder dem gesetzlichen Vertreter unterschrieben und zur Registrierung der zuständigen Industrie- und Handelskammer vorgelegt werden. Diese ist auch die zuständige Stelle für die Abschlussprüfung und nimmt diese ab. Voraussetzung für eine Berufsausbildung ist eine ärztliche Untersuchung zur Feststellung der Eignung und ein Mindestalter von 15 Jahren.

Ausbildender ist der Betrieb oder das Unternehmen, vertreten durch den Inhaber oder Geschäftsführer. Ausbildende können Mitarbeiterinnen und Mitarbeiter als Ausbilder mit Ihrer Berufsausbildung beauftragen.
Als **Ausbilder bzw. Ausbilderin** darf tätig sein, wer persönlich und fachlich geeignet ist, d.h.

- die notwendigen fachlichen Kenntnisse besitzt,
- eine Ausbildereignungsprüfung abgelegt hat,
- der Person die Beschäftigung mit Jugendlichen nicht von einem Gericht untersagt wurde.

Mit dem Abschluss eines Berufsausbildungsvertrags gehen Auszubildender und Ausbilder Pflichten ein:
Der bzw. die Auszubildende muss

- sich bemühen, in Betrieb und Berufsschule die Kenntnisse und Fertigkeit zu erwerben, die für das Erreichen des Ausbildungsziels erforderlich sind,
- mit allen Einrichtungen und Waren sorgsam umgehen,
- Kunden und Kolleginnen und Kollegen zuvorkommend und höflich behandeln,
- übertragene Aufgaben sorgfältig ausführen und die Unfallverhütungsvorschriften beachten,
- Betriebs- und Geschäftsgeheimnisse wahren,
- den Ausbildungsnachweis sorgfältig führen.

Der bzw. die Ausbildende

- muss dafür sorgen, dass das Ausbildungsziel erreicht wird,
- darf Auszubildende nicht mit ausbildungsfremden Tätigkeiten beschäftigen,
- muss alle Ausbildungsmittel kostenlos bereitstellen,
- muss eine angemessene Vergütung bezahlen und die Arbeitsschutzgesetze einhalten,
- muss Auszubildende charakterlich und persönlich fördern und vor Gefahren im Betrieb schützen,
- Auszubildende für Berufsschule und überbetriebliche Ausbildungsmaßnahmen freistellen,
- muss Auszubildende rechtzeitig zur Zwischen- und Abschlussprüfung anmelden,
- muss den Ausbildungsnachweis während der Arbeitszeit führen lassen und ihn regelmäßig überprüfen,
- muss ein zum Ende der Ausbildung ein Zeugnis ausstellen; dieses muss „von Wohlwollen getragen sein".

Für den Besuch der Berufsschule gelten folgende Regeln:

- Berufsschule gilt als Arbeitszeit.
- Beginnt der Unterricht vor 9 Uhr, dann dürfen Auszubildende vorher nicht beschäftigt werden.
- Findet der Unterricht in der Berufsschule an zwei Tagen in der Woche statt, dann darf an **einem** Tag der bzw. die Auszubildende nicht beschäftigt werden, wenn der Unterricht mehr als fünf Stunden zu je 45 Minuten dauert.
- Findet der Unterricht in der Berufsschule als Blockunterricht statt, dann darf der bzw. die Auszubildende in dieser Woche nicht mehr beschäftigt werden, wenn der Unterricht an mindestens fünf Tagen stattfindet und mindestens 25 Stunden dauert. Ausbildungsmaßnahmen bis zwei Stunden wöchentlich sind zulässig.

Auszubildende sind meist Jugendliche, deshalb ist das Jugendarbeitsschutzgesetz zu beachten. Die wichtigsten Vorschriften sind:

- Kinderarbeit ist grundsätzlich verboten. Ausnahmen gibt es nur in der Landwirtschaft und für das Austragen von Zeitungen.
- Arbeitszeit: generell höchstens acht Stunden pro Tag und 40 Stunden / Woche, Ausnahmen bei Arbeitszeitverkürzung oder in der Landwirtschaft.
- Samstags-, Sonntags- und Nachtarbeit sind zu vermeiden, es sollen aber zwei Samstage und es müssen zwei Sonntage pro Monat beschäftigungsfrei bleiben.
- Freizeit: mindestens zwölf Stunden ununterbrochen; regelmäßige Beschäftigung nur zwischen 6 Uhr und 20 Uhr. Ausnahmen sind zulässig.
- Beschäftigungsverbote für gefährliche Arbeiten, und solche, die die sittliche Entwicklung gefährden können.

Kurz zusammengefasst:

1. Die duale Berufsausbildung findet in Betrieb und Berufsschule statt.
2. Die Berufsausbildung ist im Berufsbildungsgesetz bundeseinheitlich geregelt, die spezifischen Inhalte der Berufsausbildung zum Verkäufer bzw. zur Verkäuferin in der Ausbildungsordnung.
3. Für einen Berufsausbildungsvertrag gibt es Rechts- und Formvorschriften.
4. Auszubildende und Ausbildender haben zahlreiche Pflichten, damit das Ziel der Berufsausbildung erreicht wird.

Bearbeiten Sie jetzt die Aufgaben 1 bis 9: Berufsausbildung.

Multiple-Choice-Aufgaben

1. Welche Stelle registriert die Ausbildungsverträge zur Verkäuferin bzw. zum Verkäufer?

1. Einzelhandelsverband ☐
2. Arbeitsagentur ☐
3. Statistisches Bundesamt ☐
4. Industrie- und Handelskammer ☐
5. Handwerkskammer ☐

2. Wo sind die Inhalte der Berufsausbildung zum Verkäufer bzw. zur Verkäuferin geregelt?

1. Ausbildungsordnung ☐
2. Berufsbildungsgesetz ☐
3. KMK-Rahmenlehrplan ☐
4. Betriebsordnung ☐
5. Lehrplan der Berufsschule ☐

3. Welcher Nachweis ist Voraussetzung für den Abschluss eines Ausbildungsvertrags?

1. Deutsche Staatsangehörigkeit ☐
2. Fester Wohnsitz ☐
3. Nachweis der ärztlichen Untersuchung ☐
4. Lohnsteuerkarte ☐
5. Sozialversicherungsausweis ☐

4. Was kennzeichnet die duale Berufsausbildung?

1. Ausbildung in zwei Stufen: zur Zwischen-und Abschlussprüfung ☐
2. Ausbildung an den Lernorten Betrieb und Berufsschule ☐
3. Ausbildung in mindestens zwei Ladengeschäften ☐
4. Zweijährige Ausbildung ☐
5. Ausbildung in anschließende Fortbildung ☐

5. Welche Anordnung ist zulässig?

1. Der Ausbildungsnachweis ist während der Arbeitszeit zu führen. ☐
2. Kunden sind ohne Rücksicht auf ihr Verhalten zu grüßen. ☐
3. Bei großer Kundenfrequenz entfallen die Pausen. ☐
4. Eine Pausendauer beträgt mindestens 15 Minuten. ☐
5. In allen Geschäftsräumen herrscht Rauchverbot. ☐

6. Darf eine Auszubildende während der Probezeit kündigen?

1. Ja, ohne Grund ☐
2. Ja, aber nur mit Begründung ☐
3. Ja, aber nur zum Ende der Probezeit ☐
4. Nein ☐
5. Ja, aber nur mit Zustimmung des Ausbilders ☐

7. Was kann nicht in einem Berufsausbildungsvertrag geregelt werden?

1. Ausbildungsberuf ☐
2. Ausbildungsbeginn ☐
3. Ausbildungsende ☐
4. Dauer der Probezeit ☐
5. Art des Berufsschulunterrichts ☐

8. Was ist in einem Berufsausbildungsvertrag nach dem Berufsbildungsgesetz (BBiG) zulässig?

1. Die Probezeit dauert sechs Monate. ☐
2. Die Berufsschule kann nur in den Wintermonaten besucht werden. ☐
3. Die Ausbildungsvergütung bleibt zwei Jahre lang gleich. ☐
4. Die Ausbildung endet mit Bestehen des letzten Prüfungsabschnitts. ☐
5. Die Ausbildungsvergütung orientiert sich am Geschäftsumsatz. ☐

9. Der Ausbildende teilt Lisa Löffler zwei Monate vor Ende der Ausbildung mit, dass sie zum Ende der Ausbildung nicht übernommen wird. Wie ist die Rechtslage?

1. Die Mitteilung hat Rechtskraft. ☐
2. Die Mitteilung ist wirkungslos, sie muss drei Monate vor Ausbildungsende schriftlich erfolgen. ☐
3. Frau Löffler kann die Verlängerung der Ausbildung verlangen. ☐
4. Die Mitteilung ist wirkungslos, weil der Betriebsrat nicht beteiligt war. ☐
5. Die Mitteilung muss schriftlich nachgereicht werden. ☐

3.2 Tarifrecht

Lohntarifverträge regeln die Löhne und Ausbildungsvergütungen, die Arbeitgeber ihren Arbeitnehmern bezahlen. **Manteltarifverträgen** regeln längerfristige Reglungen wie Urlaub oder Arbeitsbedingungen. Betriebsvereinbarungen schließt der Betriebsrat mit der Geschäftsleitung auf Betriebsebene: Sie gelten nur für das Unternehmen, z. B. eine Pausenregelung.

Tarifverträge werden in Tarifverhandlungen zwischen Tarifvertragsparteien geschlossen, z. B.:

- zuständige Gewerkschaft, z. B. für Beschäftigte im Einzelhandel: ver.di.
- Einzelunternehmen
- Arbeitgeberverband, z. B. Handelsverband Deutschland – HDE e. V.

Es gilt die Tarifautonomie: Nach Art. 9 des Grundgesetzes und dem Tarifvertragsgesetz (TVG) können die Tarifvertragsparteien die Lohn- und Arbeitsbedingungen in Tarifverträgen frei von Einmischung oder Vorgaben des Staates aushandeln. Nicht gesetzlich geregelt ist der Ablauf von Tarifverhandlungen, es hat sich folgendes Gewohnheitsrecht herausgebildet.

1. Eine Partei kündigt den Tarifvertrag.
2. Tarifverhandlungen:

erfolgreich	→	neuer Tarifvertrag
nicht erfolgreich	→	Schlichtungsverfahren erfolgreich: neuer Tarifvertrag nicht erfolgreich: Friedenspflicht endet, Gewerkschaft kann zur Urabstimmung aufrufen; stimmen 75 % der Mitglieder zu, kann die Gewerkschaft einen Streik ausrufen, die Unternehmen können mit Aussperrung reagieren.

3. Wiederaufnahme von Tarifverhandlungen → neuer Tarifvertrag, meist durch einen Schlichter vermittelt. Während der Laufzeit des neuen Tarifvertrags sind organisierte und wilde Streiks nicht zulässig.

Ein Tarifvertrag gilt für alle Beschäftigten und alle Einzelhandelsbetriebe aber nur dann, wenn er **allgemeinverbindlich** ist. Das erklärt das Bundesministerium für Arbeit und Soziales auf Antrag der Tarifvertragsparteien. Im Einzelhandel gibt es sehr wenige allgemeinverbindliche Tarifverträge. Deshalb hat ein Arbeitnehmer nur dann Anspruch auf Tariflohn, wenn er oder sie Mitglied der Gewerkschaft ver.di ist **und** der Betrieb Mitglied im Einzelhandelsverband.

Viele Großbetriebe des Einzelhandels und viele Online-Händler sind nicht Mitglied des HDE.

Ein gültiger Tarifvertrag wirkt sich auch auf das Einkommen aus: Das Bruttomonatseinkommen von Einzelhandelskaufleuten betrug 2019 ohne Tarifbindung durchschnittlich 2204 €/Monat, mit Tarifbindung 2539 €/Monat.

Für die Form von Tarifverträgen gelten Regeln. Sie müssen

- immer schriftlich abgeschlossen werden,
- dürfen nicht gegen staatliches Recht verstoßen,
- dürfen keine Verschlechterung der Arbeitsbedingungen gegenüber Gesetzen enthalten.

So darf beispielsweise der gesetzliche **Mindestlohn** von 9,35 € (Stand: 2020) nicht unterschritten werden.

Kurz zusammengefasst:

1. Tarifverträge regeln Löhne und Arbeitsbedingungen; für alle Arbeitnehmerinnen und Arbeitnehmer einer Branche aber nur, wenn sie allgemeinverbindlich sind.
2. Der Staat garantiert im Grundgesetz und im Tarifvertragsgesetz die Tarifautonomie.
3. Für Tarifverhandlungen gelten Spielregeln.
4. Im Einzelhandel findet man je nach Größe und Umsatz die Rechtsformen Einzelunternehmen, Personen- und Kapitalgesellschaften.

Bearbeiten Sie jetzt die Aufgaben 1 bis 8: Tarifrecht.

Multiple-Choice-Aufgaben

1. In welchem Fall ist die Tarifautonomie erklärt?

1. Der Staat gibt einen Mindestlohn vor. ☐
2. Die Tarifvertragsparteien können ohne staatliche Vorgaben verhandeln. ☐
3. Der Handelsverband Deutschland – HDE e.V. vertritt die Arbeitnehmerinteressen. ☐
4. Während der Laufzeit eines Tarifvertrags gilt ein Streikverbot. ☐
5. Alle Arbeitnehmer im Einzelhandel haben Anspruch auf Tariflöhne. ☐

2. Ausbildungsvergütungen sind geregelt in …

1. Jugendarbeitsschutzgesetzen. ☐
2. Ausbildungsordnungen. ☐
3. Ausbildungsverträgen. ☐
4. Manteltarifverträgen. ☐
5. Lohntarifverträgen. ☐

3. Tarifverträge sind allgemeinverbindlich, wenn …

1. die Beschäftigten das wünschen. ☐
2. der Handelsverband Deutschland – HDE e.V. das genehmigt. ☐
3. beide Tarifvertragsparteien das beantragen. ☐
4. das Bundesarbeitsgericht das festlegt. ☐
5. die Einzelhandelsbetriebe dem zustimmen. ☐

4. Können sich die Tarifvertragsparteien nicht einigen, …

1. können sie eine Schlichtung versuchen. ☐
2. kann die Gewerkschaft zum Streik aufrufen. ☐
3. werden Löhne nur unter Vorbehalt bezahlt. ☐
4. dürfen Unternehmer Aussperrungen vornehmen. ☐
5. müssen 50 % der Arbeitnehmer einem Streik zustimmen. ☐

5. Ein allgemeinverbindlicher Tarifvertrag …

1. schützt den gesetzlichen Mindestlohn. ☐
2. verbietet Warnstreiks. ☐
3. darf von Arbeitgebern nicht überschritten werden. ☐
4. gilt nicht für Auszubildende. ☐
5. wirkt lohnangleichend. ☐

6. Der Ablauf von Tarifverhandlungen ist geregelt

1. im Grundgesetz. ☐
2. durch Gewohnheitsrecht. ☐
3. im Tarifvertragsgesetz. ☐
4. im Mindestlohngesetz. ☐
5. in den Arbeitsregeln der Schlichter. ☐

7. Was trifft zu? Arbeitnehmer …

1. können auf Tariflohn verzichten. ☐
2. können auf den Mindestlohn verzichten. ☐
3. müssen Mitglied einer Gewerkschaft sein. ☐
4. dürfen auch dem Handelsverband Deutschland HDE e.V. beitreten. ☐
5. können von Aussperrungen betroffen sein. ☐

8. Der Mindestlohn ist geregelt …

1. für jeden Wirtschaftszweig in Lohntarifverträgen. ☐
2. für alle Arbeitgeber bindend in Manteltarifverträgen. ☐
3. in Betriebsvereinbarungen. ☐
4. in Empfehlungen der zuständigen Industrie- und Handelskammer. ☐
5. durch ein Bundesgesetz. ☐

3.3 Arbeitsschutz

Das Arbeitsrecht regelt alle Beziehungen zwischen Arbeitgeber und Arbeitnehmer. Es ist nicht in einem einheitlichen Gesetzeswerk, sondern in mehreren Einzelgesetzen geregelt und Ergebnis einer über 100-jährigen Entwicklung.

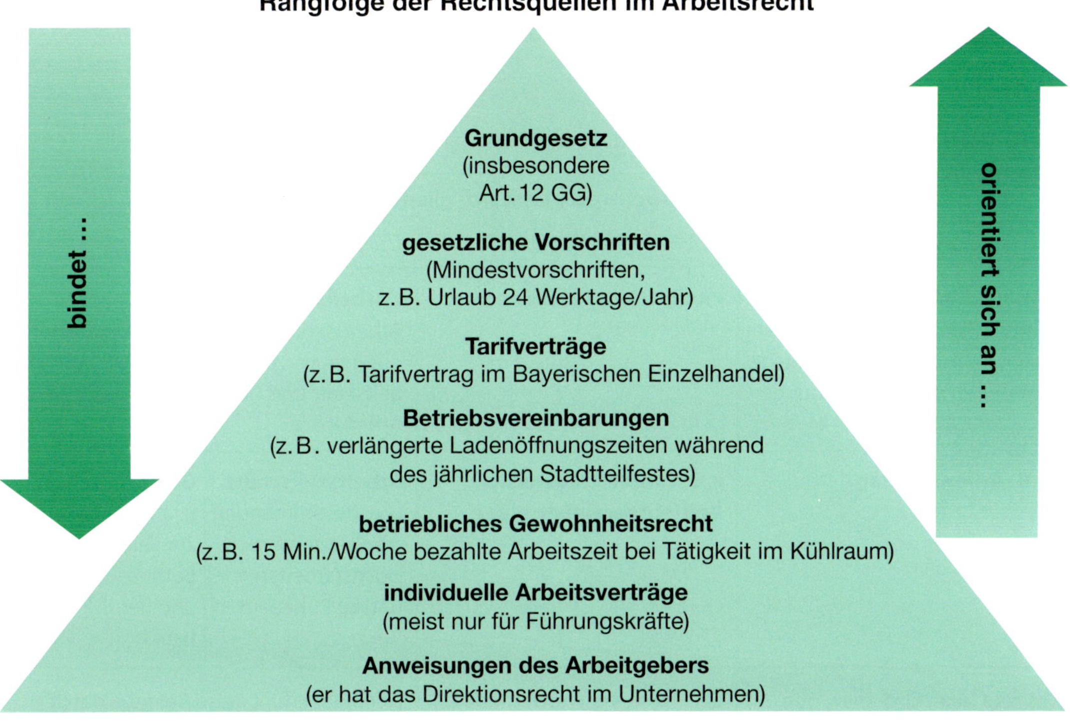

Im Rahmen des Arbeitsrechts haben Arbeitgeber und Arbeitnehmer wechselseitige Rechte und Pflichten.

Pflichten des Arbeitgebers gegenüber dem Arbeitnehmer:	Pflichten des Arbeitnehmers gegenüber dem Arbeitgeber:
• Fürsorgepflicht für Gesundheit, Leben und Eigentum • Gleichbehandlung aller Beschäftigten • Bezahlung wie vereinbart • Vertragsgemäße Beschäftigung • Übernahme der Haftung aus der Tätigkeit • Pflicht, ein Zeugnis auszustellen	• Arbeitspflicht gemäß der vereinbarten Tätigkeit • Treuepflicht • Gehorsamspflicht gegenüber dem Direktionsrecht des Arbeitgebers • Verschwiegenheitspflicht • Wettbewerbsbeschränkungen, z. B. Geschäfte auf eigene Rechnung zu tätigen

Üblicherweise schließen Arbeitgeber und Arbeitnehmer vor Aufnahme der Tätigkeit einen Arbeitsvertrag. Dieser

- muss immer schriftlich abgeschlossen werden,
- muss dem Arbeitnehmer spätestens vier Wochen nach Arbeitsaufnahme ausgehändigt werden,
- muss eingehalten werden, sonst droht Schadenersatz,
- sieht eine Probezeit vor (ein bis vier Monate),
- wird grundsätzlich auf Dauer abgeschlossen, aber befristete Verträge sind möglich, z. B. ein Probearbeitsverhältnis für die Dauer von 6 Monaten.

Ein Berufsausbildungsvertrag ist kein Arbeitsvertrag.

Ein Arbeitsverhältnis endet durch

- Aufhebungsvertrag,
- Tod des Arbeitnehmers,
- Erreichen der Altersgrenze,
- Eintritt von Berufs- oder Erwerbsunfähigkeit,
- Kündigung.

Ein Wechsel des Betriebsinhabers, der Verkauf des Unternehmens oder die Eingliederung in einen Konzern berührt den Arbeitsvertrag nicht, er besteht weiter. Der neue Eigentümer kann allerdings mit einer Änderungskündigung den Arbeitsvertrag ändern.

Das **Arbeitsrecht** lässt sich folgendermaßen gliedern:

<table>
<tr><th colspan="4">Das Arbeitsrecht lässt sich gliedern in</th></tr>
<tr><td>• individuelles Arbeitsrecht
enthält die zwischen Arbeitnehmer und Arbeitgeber frei ausgehandelten Arbeitsbedingungen.</td><td>• kollektives Arbeitsrecht</td><td colspan="2">• Arbeitsschutzrecht
Arbeitsschutz bewahrt vor Überanstrengungen, vorzeitigem Verschleiß der Arbeitskraft und Gefahren am Arbeitsplatz.</td></tr>
<tr><td>z. B. Arbeitsvertrag</td><td>z. B. Tarifvertragsrecht, Betriebsvereinbarungen</td><td>Arbeitszeitschutz
u. a. Bestimmungen zur Feiertagsarbeit, Höchstarbeitszeit und zu Ruhepausen</td><td>Gefahrenschutz
u. a. Vorschriften zur Verhütung von Betriebsunfällen und Berufskrankheiten</td></tr>
<tr><td>Es liegt beim Einzelnen, günstige Bedingungen in seinem Arbeitsvertrag auszuhandeln. Individuelles Arbeitsrecht spielt bei der Masse der Arbeitnehmer keine Rolle, da sie als Einzelne in der schwächeren Position gegenüber dem Arbeitgeber sind.</td><td>Eine Interessenvertretung handelt für die Arbeitnehmer die Arbeitsbedingungen aus, das kann sein:
• eine Gewerkschaft für eine Branche in einem Tarifbezirk,
• der Betriebsrat für einen Betrieb oder Konzern.</td><td colspan="2">Der Staat erfüllt diese Aufgabe durch Arbeitsschutzgesetze und durch die Berufsgenossenschaften als Träger der gesetzlichen Unfallversicherung.
Es ist auch privatrechtliche Pflicht des Arbeitgebers, durch sichere Gestaltung des Arbeitsplatzes und der Arbeitsabläufe vor Gefahren zu schützen.</td></tr>
</table>

Das Arbeitsrecht ist kein einheitliches Recht und nicht in einem einzigen Gesetz geregelt. Es lässt sich in unterschiedliche Rechtsbereiche gliedern, insbesondere der Arbeitsschutz enthält eine umfassende, öffentlich-rechtliche Regelung der Sicherheit am Arbeitsplatz.

Arbeitsschutz

Die Vorschriften und Gesetze zum Arbeitsschutz dienen der Erhaltung von Leben und Gesundheit der Arbeitnehmer im Betrieb. Die Unfallverhütungsvorschriften der Berufsgenossenschaft Handel und Warenlogistik (BGHW) ergänzen Gesetze.

Man unterscheidet:
- technische Schutzvorschriften, z. B. Gefahrstoffverordnung, Arbeitsstättenverordnung, Arbeitssicherheitsgesetz;
- soziale Schutzvorschriften, z. B. Kündigungsschutzgesetz, Urlaubsgesetz, Schwerbehindertengesetz, Mutterschutzgesetz, Jugendarbeitsschutzgesetz, Bundeselterngeld- und Elternzeitgesetz (BEEG).

Über die Einhaltung der Schutzvorschriften wachen Gewerbeaufsichtsämter und die Berufsgenossenschaft. Das Gewerbeaufsichtsamt als staatliche Behörde überprüft nicht nur Arbeitsstätten, Maschinen und Anlagen, sondern überwacht auch die Einhaltung der Jugendarbeitsschutzbestimmungen.

Wie in allen Betrieben, so treten auch im Einzelhandel am Arbeitsplatz unterschiedliche Gefahren auf. Die Berufsgenossenschaften und die Behörden, die im Arbeitsschutz tätig sind, haben deshalb verschiedene Zeichen entwickelt, die auch ohne Worte vor Gefahren warnen oder ein bestimmtes Verhalten von den Beschäftigten verlangen. Man unterscheidet:

Verbotszeichen	Warnzeichen	Gebotszeichen	Rettungszeichen
runde Scheibe, schwarzes Symbol auf weißem Grund weißer Grund, roter Ring	Dreieck, schwarzes Symbol auf gelbem Grund, schwarzer Rand	Runde Scheibe, weißes Symbol auf blauem Grund	Quadrat, weißes Symbol auf grünem Grund
z. B.	z. B.	z. B.	z. B.
Feuer, offenes Licht und Rauchen verboten	Explosionsgefährliche Stoffe	Gehörschutz verwenden	Sammelstelle

Kündigungsschutz

Die Kündigung eines Arbeitsverhältnisses
- ist die einseitige Erklärung, das Arbeitsverhältnis beenden zu wollen,
- kann nicht zurückgenommen werden.

Ein Arbeitsverhältnis kann beendet werden,
- in beiderseitigem Einvernehmen, ohne Einhaltung von Fristen, also sofort, ohne dass es einer Kündigung bedarf.
- gegen den Willen eines Vertragspartners, hier ist eine Kündigung notwendig. Es wird unterschieden zwischen
  - ordentlicher Kündigung (fristgemäß) und
  - außerordentlicher Kündigung (fristlos);
- durch Vertragsende, z. B. bei Zeitarbeitsverträgen.

Ordentliche Kündigung	**Fristlose Kündigung**
Kündigung mit Einhaltung der geltenden Kündigungsfristen. Sie muss, um wirksam zu werden, **sozial gerechtfertigt** sein.	außerordentliche Kündigung ohne Einhaltung von Kündigungsfristen – **sofort**
Sie ist dann sozial gerechtfertigt, wenn die Kündigungsgründe • in der Person des Gekündigten liegen, z. B. bei Verlust der Arbeitsfähigkeit, ungenügender Leistung, • im Verhalten des Gekündigten begründet liegen, z. B. Unpünktlichkeit, Mobbing, • durch dringende betriebliche Erfordernisse bedingt sind, z. B. Auftragsmangel, Rationalisierung **und** die Kündigung durch Umschulung oder innerbetriebliche Umsetzung des Arbeitnehmers nicht abgewendet werden kann.	Sie ist möglich z. B. bei • grober Pflichtverletzung durch einen der beiden Partner, z. B. bei Diebstahl, • Verrat von Betriebsgeheimnissen gegen Entgelt, z. B. Verkauf von Konstruktionszeichnungen, • Verweigerung des Lohnes **Der Verursacher der fristlosen Kündigung ist schadenersatzpflichtig.** Die Kündigung muss innerhalb von zwei Wochen erfolgen.

Eine Kündigung ist dann wirksam, wenn der Vertragspartner davon Kenntnis erhält.
Kündigungsgründe, -fristen und -form sind durch Manteltarifverträge geregelt, die oft weit über die gesetzlichen Vorschriften hinausreichen.

Kündigungsfristen können im Arbeitsvertrag vereinbart werden. Wird nichts vereinbart und ist dazu nichts im Tarifvertrag geregelt, so gilt die gesetzliche Regelung.

Kündigt der Arbeitnehmer,	Kündigt der Arbeitgeber,
betragen die Mindestkündigungsfristen nach der Probezeit für Arbeitnehmer vier Wochen zum 15. eines Monats oder zum Monatsende.	so verlängern sich die Kündigungsfristen mit der Dauer des Arbeitsverhältnisses auf bis zu sieben Monate (nach 20 Jahren) zum Monatsende.

Einen erhöhten Kündigungsschutz genießen

- Wahlvorstände bei Betriebsratswahlen,
- Betriebsräte und Jugendvertreter,
- Schwerbehinderte,
- schwangere Frauen,
- Mütter und Väter während der Elternzeit.

Der Kündigungsschutz ist nicht absolut, es müssen allerdings bestimmte Regeln eingehalten werden, z. B. die Zustimmung der Hauptfürsorgestelle bei der Kündigung von Schwerbehinderten. Will ein Arbeitnehmer gegen seine Kündigung klagen, so muss er binnen drei Wochen Klage beim zuständigen Arbeitsgericht einreichen.

Urlaub

Der Urlaub dient der Erholung und der Erhaltung der Arbeitskraft und ist deshalb möglichst zusammenhängend zu nehmen. Der Betriebsrat hat bei der Aufstellung des Urlaubsplans ein Mitbestimmungsrecht. Auszubildende sollen den Urlaub in berufsschulfreier Zeit nehmen, eine Schulbefreiung wegen Urlaub ist in der Regel nicht möglich. Ferner gilt:

- Ein Urlaubsanspruch entsteht erst nach sechsmonatiger Beschäftigung, dann kann aber der ganze Jahresurlaub genommen werden.
- Scheidet ein Arbeitnehmer vor dem 30. Juni aus dem Betrieb aus, so hat er nur Anspruch auf Teilurlaub, d. h. auf 1 / 12 des Gesamturlaubs für jeden Beschäftigungsmonat.
- Nicht beanspruchter Urlaub kann bis zu drei Monaten in das nächste Kalenderjahr übertragen werden.
- Erkrankt ein Arbeitnehmer während des Urlaubs, so werden die ärztlich nachgewiesenen Krankheitstage nicht auf den Urlaub angerechnet.
- Schwarzarbeit im Urlaub kann zu einer fristlosen Kündigung führen.

Kurz zusammengefasst:

1. Das Arbeitsrecht umfasst viele unterschiedliche Gesetze, die die Erhaltung von Leben und Gesundheit der Arbeitnehmer im Betrieb zum Ziel haben.
2. Für einen Arbeitsvertrag gelten strenge Formvorschriften, ebenso für die Kündigung eines Arbeitsverhältnisses.
3. Bestimmte Gruppen von Arbeitnehmern haben einen erhöhten Kündigungsschutz.

Bearbeiten Sie jetzt die Aufgaben 1 bis 8: Arbeitsschutz.

Multiple-Choice-Aufgaben

1. Welche Formvorschrift gilt für einen Arbeitsvertrag?
Er muss …

1. bei der Industrie- und Handelskammer vorgelegt werden. ☐
2. in dreifacher Ausfertigung vorliegen. ☐
3. vom Betriebsrat genehmigt werden. ☐
4. schriftlich abgeschlossen werden. ☐
5. tarifgebunden sein. ☐

2. Ein Arbeitsverhältnis kann nicht beendet werden durch …

1. einen Aufhebungsvertrag. ☐
2. mündliche Ankündigung. ☐
3. Erreichen der Altersgrenze. ☐
4. Eintritt von Berufs- oder Erwerbsunfähigkeit. ☐
5. Kündigung. ☐

3. Eine Verkäuferin, 21 Jahre alt, ist seit zwei Jahren im Betrieb und möchte sich verändern. Wie lange ist ihre Kündigungsfrist?

1. Drei Monate zum Quartalsende ☐
2. Vier Wochen zum Quartalsende ☐
3. Vier Wochen zum 15. des Monats oder Monatsende ☐
4. Es bedarf keiner Kündigungsfrist. ☐
5. Es ist nur ein Aufhebungsvertrag möglich. ☐

4. In welchem Fall kann ein Arbeitnehmer schadenersatzpflichtig werden?
Er oder sie …

1. kündigt vor dem Saisongeschäft. ☐
2. nimmt die Kündigung zurück. ☐
3. schließt einen neuen Arbeitsvertrag ohne den alten gekündigt zu haben. ☐
4. schließt einen neuen Arbeitsvertrag, tritt aber die Stelle nicht an. ☐
5. ist im Urlaub berufstätig. ☐

5. Wer genießt keinen besonderen Kündigungsschutz?

1. Schwerbehinderte ☐
2. Werdende Mütter ☐
3. Mitarbeiter über 25 Jahre ☐
4. Betriebsräte ☐
5. Väter in Elternzeit ☐

6. Ein Einzelhandelsgeschäft wird in einen Konzern eingegliedert. Was trifft zu?

1. Die alten Arbeitsverträge werden ungültig. ☐
2. Alle Arbeitsverhältnisse sind beendet. ☐
3. Der Betriebsrat wird aufgelöst. ☐
4. Die Auszubildenden müssen am nächsten Temin ihre Abschlussprüfung ablegen. ☐
5. Die Eingliederung berührt die Arbeitsverträge nicht. ☐

7. Eine Verkäuferin tritt am 1. Februar ihre Stelle an. Wann kann sie frühestens ihren ganzen Jahresurlaub in Anspruch nehmen?

1. Ostern des Jahres ☐
2. Pfingsten des Jahres ☐
3. Zu Beginn der Sommerferien ihres Bundeslandes ☐
4. Juli des Jahres ☐
5. August des Jahres ☐

8. Wie lange ist der Jahresurlaub einer 19-jährigen Verkäuferin, wenn kein Tarifvertrag existiert?

1. Nach Bundesurlaubsgesetz: 24 Werktage ☐
2. Nach Gewohnheitsrecht: 30 Werktage ☐
3. Nach Vorgabe durch den Betriebsrat: ca. 25 Arbeitstage ☐
4. Genau so lang, wie er nach Tarifvertrag wäre: 30 Werktage ☐
5. Wie für den Durchschnitt aller Arbeitnehmer: ca. 28 Werktage ☐

3.4 Umweltschutz

Als Umweltschutz bezeichnet man die Gesamtheit aller Maßnahmen, die zum Schutz der natürlichen Umwelt ergriffen werden, um die Lebensgrundlagen und die Gesundheit der Menschen zu erhalten.
Der Einzelhandel als der drittgrößte Wirtschaftszweig in Deutschland trägt deshalb besondere Verantwortung für den Schutz der Umwelt und für ökologisches Handeln, denn er

- entscheidet, welche Waren angeboten werden, und nimmt so Einfluss auf die Produktqualität;
- trägt dazu bei, dass ökologische und nachhaltige Produkte sowie Dienstleistungen für den Konsumenten erkennbar sind;
- hat Einfluss darauf, wie seine Kunden und Mitarbeiter sensibilisiert und informiert werden.

Ein Hinweis für Kunden, dass ein umweltschonendes Erzeugnis vorliegt, ist der Blaue Engel auf der Verpackung von Waren. Er wird seit 1978 von der deutschen Bundesregierung für besonders umweltschonende Produkte und Dienstleistungen vergeben. Er soll umweltfreundliche Alternativen zu herkömmlichen Produkten und Dienstleistungen, die die Umwelt belasten, aufzeigen.

Blauer Engel

Der Blaue Engel garantiert jedoch nicht die Unbedenklichkeit eines Produkts, sondern sagt aus, dass dieses umweltfreundlicher als andere Produkte der jeweiligen Produktgruppe ist.

Europäisches Umweltzeichen

Das europäische Umweltzeichen kennzeichnet als internationales Gütesiegel ein umweltfreundliches Erzeugnis.

Daneben gibt es noch eine Vielzahl von Umweltzeichen und Ökolabeln, die umweltneutrale bis -freundliche Produkte kennzeichnen, z. B. das Bio-Siegel der Europäischen Union.

Ein wichtiges Gesetz für den Umweltschutz ist das Gesetz zur Förderung der Kreislaufwirtschaft und Sicherung der umweltverträglichen Bewirtschaftung von Abfällen. Kurz **Kreislaufwirtschaftsgesetz** (KrWG). Es setzt die Abfallrahmenrichtlinien der Europäischen Union in deutsches Recht um, ordnet das Abfallrecht und soll langfristig die Linearwirtschaft zu einer Kreislaufwirtschaft verändern. In diesem System werden der Einsatz von Rohstoffen, die Produktion von Abfällen, die Emissionen und die Energieverschwendung durch das Verlangsamen, Verringern und Schließen von Energie- und Materialkreisläufen minimiert. Ziel ist es, den Umwelt- und Klimaschutz nachhaltig zu verbessern. Das soll im Einzelnen erreicht werden durch

- möglichst abfallarme Produktionsverfahren,
- umweltverträgliche Entsorgung von Abfall soweit möglich,
- Einsatz von Sekundärrohstoffen, z. B. Altglas statt Glasherstellung aus Sand.

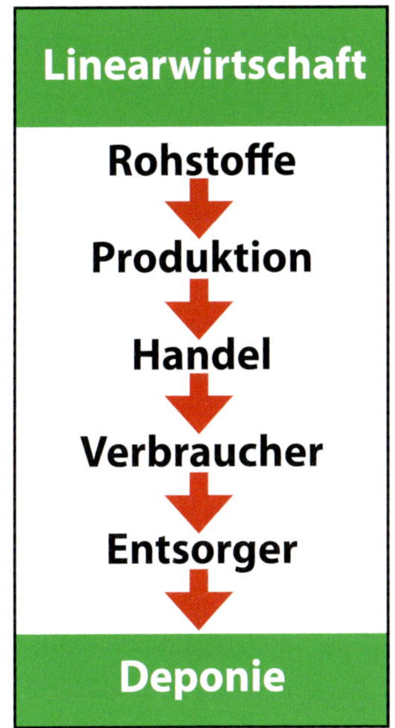

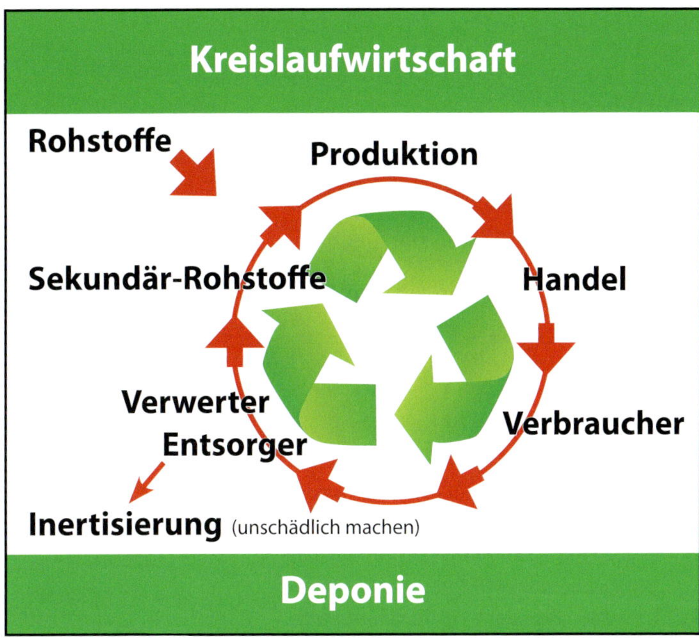

Die Abfallhierarchie ist in § 6 KrWG als Grundsatznorm geregelt und steht in folgender Rangfolge:

1. Vermeidung von Abfall, z. B. keine überflüssige Verpackung;
2. Vorbereitung zur Wiederverwendung, z. B. Trennung von Bioabfall sowie Glas-, Papier-, Metall-und Kunststoffabfällen;
3. Recycling, d. h. Wiederverwertung, z. B. von Altglas;
4. sonstige Verwertung, insbesondere energetische Verwertung und Verfüllung, z. B. in Müllkraftwerken;
5. Beseitigung von Abfall.

Dabei soll jeweils die Maßnahme eingesetzt werden, die dem Schutz von Mensch und Umwelt am besten dienlich ist. Praktische Maßnahmen fordert das Verpackungsgesetz (VerpackG) vom 1. Januar 2019: Wer mit Ware befüllte Verpackungen wie Verkaufs- und Versandverpackungen für private Endverbraucher oder gleichgestellte Adressaten erstmals in Deutschland in Verkehr bringt, muss sich an einem dualen Entsorgungssystem beteiligen, um damit für die künftigen Entsorgungskosten aufzukommen. Dazu wurde eine „Zentrale Stelle Verpackungsregister“ eingerichtet, die Vollzugsaufgaben übernimmt, die bisher zum Teil von den Abfallbehörden wahrgenommen wurden und zum Teil auch neu festgelegt wurden. Dazu gehört das Recht, einen Verpackungsmittelkatalog zu erarbeiten und für verbindlich zu erklären.

Kurz zusammengefasst:

1. Die zunehmende Belastung der Umwelt zwingt zu umweltschonendem Verhalten auch im Einzelhandel.
2. Umweltzeichen wie z. B. der Blaue Engel weisen auf umweltverträgliche Erzeugnisse hin.
3. Das Kreislaufwirtschaftsgesetz und das Verpackungsgesetz sind Normen für ein umweltgerechtes Wirtschaften.

Bearbeiten Sie jetzt die Aufgaben 1 bis 7: Umweltschutz.

Multiple-Choice-Aufgaben

1. Wie kann der Einzelhandel zum Umweltschutz beitragen?

1. Er führt nur ökologische Erzeugnisse im Sortiment. ☐
2. Er führt Einwegverpackungen ein. ☐
3. Er gibt nur Papiertüten statt Plastiktüten ab. ☐
4. Er schränkt die Selbstbedienung ein. ☐
5. Er führt ausschließlich Fair-Trade-Erzeugnisse im Sortiment. ☐

2. Welche Maßnahme ist mit Sicherheit nicht umweltgerecht?

1. Die Transportverpackung angelieferter Ware werden sofort zerkleinert. ☐
2. Das Angebot an der Frischetheke wird auf Conveniance-Food umgestellt. ☐
3. Lebensmittel, deren Haltbarkeit bald abläuft, werden verbilligt angeboten. ☐
4. Plastiktüten werden durch Papiertüten ersetzt. ☐
5. Es werden nur noch Getränke in Pfandflaschen im Sortiment belassen. ☐

3. Was garantiert der Blaue Engel? Das Erzeugnis ist …

1. fair gehandelt. ☐
2. frei von Schadstoffen. ☐
3. mit gerechten Löhnen produziert worden. ☐
4. nachweislich gesundheitsfördernd. ☐
5. umweltfreundlicher als ähnliche Produkte der Produktfamilie. ☐

4. Welches Ökolabel wird hier dargestellt?

EU
Ecolabel
www.ecolabel.eu

1. Ökolabel für Getreide ☐
2. Ökolabel für Oliven ☐
3. Spanisches Ökolabel ☐
4. Europäisches Ökolabel ☐
5. Ökolabel für Sonnenblumenöl ☐

5. Welches Ziel verfolgt das Kreislaufwirtschaftsgesetz?

1. Förderung der Linearwirtschaft ☐
2. Preiswerte Einfuhr von Rohstoffen ☐
3. Vermeidung von Abfall ☐
4. Mehrfachnutzung von Lebensmitteln ☐
5. Dämpfung der Verbraucherpreise ☐

6. Der Einzelhandel erfüllt das Verpackungsgesetz durch …

1. Sammelbehälter für unterschiedliche Umverpackungen. ☐
2. Vermeidung von PET-Flaschen. ☐
3. Sammelbehälter für Hausmüll. ☐
4. Verkauf von Lebensmitteln ohne jede Verpackung. ☐
5. Mehrfach-Reinigung von Fleisch- und Wurstwaren. ☐

7. Was entspricht dem Kreislaufwirtschaftsgesetz (KrWG)?

1. Der Klimaschutz ist nachhaltig zu fördern. ☐
2. In Verkaufsräumen ist die Temperatur auf 15° C zu begrenzen. ☐
3. Nicht verbrauchte Erzeugnisse müssen bei einer „Tafel" abgegeben werden. ☐
4. Flüssigkeiten dürfen offen in den Handel kommen. ☐
5. Glas darf nur aus Altglas hergestellt werden. ☐

3.5 Vertretung und Mitwirkung der Arbeitnehmer

Das wichtigste Organ für die Zusammenarbeit von Arbeitgeber und Arbeitnehmern im Betrieb ist der Betriebsrat. Seine Stellung und seine Aufgaben sind im Betriebsverfassungsgesetz geregelt. Dieses Gesetz beteiligt die Arbeitnehmer an Entscheidungen des Arbeitgebers.

Arbeitnehmer üben diese Beteiligungsrechte nicht unmittelbar aus, sondern übertragen sie auf

Betriebsrat (auf Betriebsebene)	**Belegschaftsvertreter** im Aufsichtsrat (nur bei kleinen und großen Kapitalgesellschaften)

Das Betriebsverfassungsgesetz (BetrVG) gilt in Privatunternehmen mit mindestens fünf Arbeitnehmern, von denen drei das passive Wahlrecht zum Betriebsrat haben müssen.
Für die Wahl zum Betriebsrat gilt:

- Besteht noch kein Betriebsrat, so kann dieser gewählt werden, wenn 50 % der Arbeitnehmer eines Betriebs das fordern.
- Die Wahl findet alle vier Jahre statt.
- Aktives Wahlrecht haben alle Arbeitnehmer, die das 18. Lebensjahr vollendet haben, unabhängig von der Dauer der Betriebszugehörigkeit
- Es besteht keine Wahlpflicht.
- Passives Wahlrecht haben alle Arbeitnehmer, die dem Betrieb seit mindestens sechs Monaten angehören und denen die bürgerlichen Ehrenrechte nicht entzogen wurden.
- Gewählte Betriebsräte haben Anspruch auf Freistellung bis zu drei Wochen im Jahr für Schulungs- und Bildungsveranstaltungen.

Die Zahl der Betriebsräte hängt von der Anzahl der wahlberechtigten Arbeitnehmer ab:

Anzahl der Arbeitnehmer	Anzahl der Betriebsräte
5–20	1
21–50	3
51–100	5
101–200	7
…	…

Der Betriebsrat sorgt dafür, dass

- Tarifverträge, Gesetze, Unfallverhütungsvorschriften, Umweltschutzauflagen und Betriebsvereinbarungen beachtet und umgesetzt werden;
- eine Jugend- und Auszubildendenvertretung eingerichtet wird;
- Schwerbeschädigte, Schutzbedürftige, ältere und ausländische Mitarbeiter eingegliedert werden,
- alle Arbeitnehmer gleich behandelt werden;
- die Arbeitnehmer Berufstätigkeit und Familie vereinbaren können;
- sämtliche Maßnahmen unterbleiben, die Arbeitsablauf oder Arbeitsfrieden beeinträchtigen können.

Betriebsrat und Geschäftsleitung treffen sich mindestens einmal im Monat und haben dabei über strittige Fragen mit dem ernsten Willen zur Einigung zu verhandeln. Die Vereinbarungen werden meist in Betriebsvereinbarungen schriftlich festhalten. Sie sind für alle Arbeitnehmer bindend. Einmal pro Kalendervierteljahr kann der Betriebsrat eine nichtöffentliche Betriebsversammlung während der Arbeitszeit ansetzen und über seine Tätigkeit berichten. Der Arbeitgeber hat ein Rederecht. Er muss mindestens einmal jährlich über die wirtschaftliche Lage des Unternehmens Bericht erstatten.

Nach Betriebsverfassungsgesetz hat der Betriebsrat abgestufte Rechte:

1. Mitbestimmungsrecht in sozialen Angelegenheiten, z. B.

- Beginn und Ende der täglichen Arbeitszeit,
- Verteilung der Pausen,
- Urlaubsplanung,
- Verhütung von Arbeitsunfällen und Berufskrankheiten.

Entscheidungen des Arbeitgebers werden erst wirksam, wenn der Betriebsrat zugestimmt hat.

2. Mitwirkungsrecht in wirtschaftlichen Angelegenheiten, z. B.

- Rationalisierungsmaßnahmen,
- Erweiterung und Stilllegung von Betriebsteilen und -abteilungen,
- Personalfragen wie Einstellung, Versetzung, Umgruppierung und Kündigung von Arbeitnehmern.

Der Betriebsrat muss vor einer Entscheidung gehört werden. Er muss der Entscheidung des Arbeitgebers nicht zustimmen.

3. Unterrichtungs- und Beratungsrecht bei der Arbeitsplatzgestaltung, z. B.

- Veränderungen von und in Arbeitsräumen,
- Fragen der Arbeitsgestaltung,
- Planung des Personalbedarfs.

Der Betriebsrat muss rechtzeitig unterrichtet werden. Er muss weder gehört werden noch muss er zustimmen.

Eine besondere Vertretung im Betrieb haben Jugendliche durch die Jugend- und Auszubildendenvertretung (JAV). Ihre Wahl findet alle zwei Jahre statt, die Anzahl der Vertreter richtet sich nach der Anzahl der Jugendlichen und Auszubildenden unter 25 Jahren. Aktives Wahlrecht haben alle Jugendlichen und Auszubildenden unter 25 Jahren. Passives Wahlrecht haben alle Arbeitnehmer unter 25 Jahren.

Anzahl der Jugendlichen / Azubi	Anzahl der Jugendvertreter
5–20	1
21–50	3
51–150	5
...	...

Die JAV hat Rechte, die sie aber nur mit Hilfe des Betriebsrats wahrnehmen kann:

1. Antragsrecht für Maßnahmen, die Jugendliche und Auszubildende betreffen;
2. Überwachungsrecht, dass Tarifverträge, Betriebsvereinbarungen usw. eingehalten werden;
3. Informationsrecht zu allen Maßnahmen, die Jugendliche und Auszubildende betreffen.

Wichtig:
In Betrieben ohne Betriebsrat und ohne Jugend- und Auszubildendenvertretung haben die Arbeitnehmer nur Minimalrechte, z. B. ein Anhörungsrecht und ein Recht auf ein Arbeitszeugnis.

Kurz zusammengefasst:

1. Ein Betriebsrat vertritt die Interessen der Arbeitnehmer gegenüber dem Arbeitgeber und hat dabei abgestufte Rechte von Mitbestimmung bis Mitwirkung und Information.
2. In Betriebsversammlungen informiert der Betriebsrat die Belegschaft. Der Arbeitgeber hat mindestens einmal jährlich über die wirtschaftliche Lage zu berichten.
3. Die Jugend- und Auszubildendenvertretung vertritt die besonderen Interessen der jugendlichen Arbeitnehmer und Auszubildenden bis 25 Jahre. Sie hat Zugang zur Betriebsleitung nur über den Betriebsrat.

Bearbeiten Sie jetzt die Aufgaben 1 bis 8: Vertretung und Mitwirkung der Arbeitnehmer.

Multiple-Choice-Aufgaben

1. Unter welcher Voraussetzung kann eine Betriebsversammlung stattfinden?

1. Der Arbeitgeber muss zustimmen. ☐
2. Die Mitarbeiter müssen dafür Zeit haben. ☐
3. Die Agentur für Arbeit muss sie genehmigen. ☐
4. Die Versammlung findet nach Ladenschluss statt. ☐
5. Es muss ein Betriebsrat vorhanden sein. ☐

2. Was ist ein soziales Ziel eines Einzelhandelsunternehmens?

1. Es gibt einen Betriebsrat und eine Jugend- und Auszubildendenvertretung. ☐
2. Es gilt ein Tarifvertrag. ☐
3. Es werden nur Mitarbeiter mit Behinderungen beschäftigt. ☐
4. Es werden nur Waren aus fairem Handel angeboten. ☐
5. Der Umsatz steigt jährlich um 5 %. ☐

3. Ein Unternehmen kündigt einer Mitarbeiterin wegen Kundenrückgang.

1. Der Betriebsrat muss der Kündigung zustimmen. ☐
2. Die Betriebsversammlung muss der Kündigung zustimmen. ☐
3. Die Agentur für Arbeit muss gehört werden. ☐
4. Der Betriebsrat muss gehört werden. ☐
5. Die Jugend- und Auszubildendenvertretung muss gehört werden. ☐

4. Wer besitzt das aktive Wahlrecht zur Jugend- und Auszubildendenvertretung?

1. Alle Auszubildenden unter 18 Jahren ☐
2. Alle jugendlichen Beschäftigten unter 18 Jahren und alle Auszubildenden unter 25 Jahren ☐
3. Alle Beschäftigten unter 25 Jahren ☐
4. Nur die Auszubildenden unabhängig vom Alter ☐
5. Nur jugendliche Beschäftigte unter 18 Jahren ☐

5. Welches Recht hat der Betriebsrat bei der Urlaubsplanung?

1. Informationsrecht ☐
2. Mitwirkungsrecht ☐
3. Anhörungsrecht ☐
4. Mitbestimmungsrecht ☐
5. Beratungsrecht ☐

6. Die Geschäftsleitung eines Warenhauses prüft das aktive Wahlrecht zur JAV.

Beschäftigte insgesamt: 125, davon jugendliche Arbeitnehmer: 7
16- bis 23-jährige Auszubildende: 13
20- bis 24-jährige Praktikanten: 2

Wie viel Jugendvertreter sind zu wählen?

1	2	3	4	5
22	7	13	2	3
☐	☐	☐	☐	☐

7. Eine JAV schlägt vor, dass Auszubildende mit Migrationshintergrund einen Sprachkurs mit Schwerpunkt Warenwirtschaft erhalten sollen. An wen muss sie den Vorschlag richten?

1. Geschäftsleitung ☐
2. Vertrauensmann von ver.di im Betrieb ☐
3. Betriebsrat ☐
4. Personalverantwortliche in der Geschäftsleitung ☐
5. Gesamte Belegschaft ☐

8. Was ist Voraussetzung, damit in einem Unternehmen das Betriebsverfassungsgesetz in vollem Umfang gilt?

1. Es muss ein Betriebsrat vorhanden sein. ☐
2. Die Arbeitnehmer müssen das mehrheitlich wollen. ☐
3. Die Geschäftsleitung muss zustimmen. ☐
4. Es müssen auch Jugendliche und Auszubildende beschäftigt sein. ☐
5. Es müssen mindestens 21 Arbeitnehmer beschäftigt sein. ☐

3.6 Sozialversicherungen

In Deutschland verpflichtet das Sozialstaatsgebot laut Artikel 20 des Grundgesetzes den Staat, die soziale Ordnung zu gestalten und auszubauen. Das wird unter anderem durch gesetzliche Sozialversicherungen erreicht. Diese können aber nicht alle Risiken des Lebens übernehmen, sie müssen vom Einzelnen bei Bedarf durch Privatversicherungen ergänzt werden.

Das Sozialversicherungssystem in Deutschland unterscheidet:

Gesetzliche Sozialversicherungen	Privatrechtliche Individualversicherungen
Sie sind Pflicht für nahezu alle Arbeitnehmer.	Sie ergänzen die gesetzlichen Sozialversicherungen, wo notwendig.
Es gilt ein Zwangssolidarprinzip. Ausnahme: Arbeitnehmer mit sehr hohen Einkommen oder Selbstständige können für manche Risiken auch Privatversicherungen abschließen. Die Beiträge werden vom Bruttolohn einbehalten, und je zur Hälfte von Arbeitnehmer und Arbeitgeber geleistet. Versicherung und Beitrag (Stand 2020): • Gesetzliche Krankenversicherung (14,6 %) • Gesetzliche Rentenversicherung (18,6 %) • Gesetzliche Unfallversicherung (branchenabhängig) • Gesetzliche Pflegeversicherung (3,05 %) • Arbeitslosenversicherung (2,4 %)	Alle Vertragsabschlüsse sind freiwillig. • Private Unfallversicherung • Private Krankenversicherung • Berufsunfähigkeitsversicherung • Kfz-Haftpflichtversicherung • Private Lebensversicherung • …
Beitragssatz und Leistungen bestimmt der Bundestag per Gesetz. Sie sind für alle Versicherten gleich, beispielsweise in der Kranken- und Pflegeversicherung, unabhängig von der individuellen Beitragshöhe. Bei der Renten- und Arbeitslosenversicherung bestimmen Anzahl und Höhe der Beiträge die Leistungen. Für die Unfallversicherung bezahlt allein der Arbeitgeber den Beitrag.	Die Leistungen der Individualversicherungen richten sich nach Beitrag und vereinbarten Leistungen.
Alle Regelungen zu den gesetzlichen Sozialversicherungen sind im zwölfteiligen Sozialgesetzbuch zusammengefasst.	Die Versicherungsgesellschaften regeln die Bedingungen in einem Vertrag mit den Versicherten.

Wichtig:
- Für Arbeitsunfälle im Betrieb und Wegeunfälle ist die gesetzliche Unfallversicherung zuständig. Die Beiträge bezahlt der Arbeitgeber allein.
- Die gesetzlichen Krankenkassen bezahlen auch Leistungen bei Mutterschaft.
- Rentner in einem Arbeitsverhältnis bezahlen keine Beiträge mehr zur Arbeitslosenversicherung.
- Die Arbeitsagenturen, Träger der Arbeitslosenversicherung, beraten bei der Berufswahl, vermitteln Stellen, fördern die berufliche Fortbildung und zahlen Arbeitslosengeld I.
- Arbeitslosengeld II (ALG II bzw. „Hartz IV“) und Grundsicherung sind keine Leistungen der gesetzlichen Sozialversicherung, sondern kommen aus Steuermitteln. Dabei bestehen Unterhaltsverpflichtungen durch nahe Angehörige oder in Bedarfsgemeinschaften.

Als Nachweis der Mitgliedschaft in der gesetzlichen Sozialversicherung erhält jeder Versicherte einen Sozialversicherungsausweis bzw. eine Sozialversicherungsnummer (seit 2005 wird diese Nummer schon bei Geburt vergeben). Es gelten:

- Vorlagepflicht: Bei Aufnahme einer Beschäftigung muss dem Arbeitgeber der Ausweis bzw. das Schreiben des Rentenversicherungsträgers vorgelegt werden.
- Hinterlegungspflicht: Während des Bezugs von Leistungen, z. B. Arbeitslosengeld, muss der Ausweis bei der zuständigen Arbeitsagentur hinterlegt werden.
- Meldepflicht: Arbeitgeber haben alle Beschäftigten bei der gesetzlichen Sozialversicherung anzumelden.

Bei der Berechnung des Nettolohns muss der Arbeitgeber vom Bruttolohn Steuern und gesetzliche Sozialversicherungen abziehen. Die Steuer werden an das zuständige Finanzamt abgeführt, die Beiträge zu den gesetzlichen Sozialversicherungen an die Krankenkasse. Mit Hilfe von Berechnungsprogrammen im Internet lässt sich der Nettolohn berechnen.

Beispiel: Verkäuferin, 21 Jahre alt, ledig, evangelisch

Steuer- und sozialversicherungspflichtiger Bruttoarbeitslohn	z. B. 2200 €/ Monat
– Lohnsteuer (nach Lohnsteuertabelle)	226,25 €
– Solidaritätszuschlag	12,44 €
– Kirchensteuer	20,36 €
– Gesetzliche Kranken-/Pflegeversicherung	194,15 €
– Gesetzliche Rentenversicherung	204,60 €
– Gesetzliche Arbeitslosenversicherung	26,40 €
= Nettogehalt / Monat	1513,60 €

Die Abzüge für die gesetzliche Sozialversicherung betragen zusammen 425,15 €, das sind knapp 20 % des Bruttolohns. Dieser Prozentsatz bleibt bis zur Beitragsbemessungsgrenze der Sozialversicherungen gleich.

Die Abzüge für Steuern betragen zusammen 259,05 €/Monat, das sind 11,77 % des Bruttolohns. Dieser Prozentsatz steigt mit dem Bruttolohn bis auf maximal 45 % bei einem Jahresbruttoeinkommen von ca. 150 000 €.

Kurz zusammengefasst:

1. Die gesetzliche Sozialversicherung umfasst Renten-, Kranken-, Unfall-, Arbeitslosen- und Pflegeversicherung.
2. Für die gesetzliche Sozialversicherung gilt ein Zwangssolidarprinzip. Sie kann aber nicht alle Risiken des Lebens abdecken, sondern muss durch Individualversicherungen ergänzt werden.
3. Die Beiträge und Leistungen der gesetzlichen Sozialversicherungen legt der Bundestag fest, der Arbeitgeber ist für die Abführung zuständig.
4. Der Sozialversicherungsausweis ist Nachweis der Mitgliedschaft in der gesetzlichen Sozialversicherung.

Bearbeiten Sie jetzt die Aufgaben 1 bis 8: Sozialversicherungen.

Multiple-Choice-Aufgaben:

1. Für welche gesetzliche Sozialversicherung bezahlt nur der Arbeitgeber einen Beitrag?

1. Arbeitslosenversicherung ☐
2. Krankenversicherung ☐
3. Unfallversicherung ☐
4. Pflegeversicherung ☐
5. Rentenversicherung ☐

2. Welches Risiko decken die gesetzlichen Sozialversicherungen nicht ab?

1. Schwangerschaft ☐
2. Arbeitslosigkeit ☐
3. Erwerbsunfähigkeit ☐
4. Altersrente ☐
5. Berufsunfähigkeit ☐

3. Die Rentenhöhe der gesetzlichen Rentenversicherungen ...

1. steigt mit zunehmendem Alter. ☐
2. verringert sich mit zunehmendem Alter. ☐
3. hängt von der Zahl und Höhe der Beiträge ab. ☐
4. ist für alle Versicherten gleich. ☐
5. legt die Pflegeversicherung fest. ☐

4. Welche Versicherung ist für einen Unfall bei einem Spaziergang in der Mittagspause zuständig?

1. Private Unfallversicherung ☐
2. Gesetzliche Unfallversicherung ☐
3. Gesetzliche Krankenversicherung ☐
4. Persönliche Haftpflichtversicherung ☐
5. Haftpflichtversicherung des Arbeitgebers ☐

5. Was gilt für den Sozialversicherungsausweis?

1. Er gibt Auskunft über die Sozialversicherungsbeiträge. ☐
2. Er ist Teil des Mutterpasses. ☐
3. Er gilt als Bescheinigung für Rentenbezug. ☐
4. Er muss beim Arbeitgeber vorgelegt werden. ☐
5. Er ersetzt den Personalausweis. ☐

6. Was gilt für Individualversicherungen?

1. Sie können die gesetzlichen Sozialversicherungen ersetzen. ☐
2. Sie sind für Selbstständige Pflicht. ☐
3. Sie ergänzen die gesetzlichen Sozialversicherungen. ☐
4. Die Beiträge sind für alle Versicherten gleich. ☐
5. Die Beiträge hängen vom Alter der Versicherten ab. ☐

7. Eine Verkäuferin bei der Firma Kaufmich GmbH bezieht einen Monatslohn von 1840,- € brutto. Wie hoch ist ihr persönlicher Krankenversicherungsbeitrag, wenn der Gesamtbeitrag 14,6 % beträgt?
Tragen Sie diesen Betrag in Euro und Cent ein:
☐☐☐,☐☐

8. Berechnen Sie die Sozialversicherungsabgaben und den Nettolohn.

Verkäuferin: 20 Jahre alt, katholisch

Tragen Sie zuerst die Prozentsätze der Beiträge in die Klammern ein.

Bruttoarbeitslohn:	1980,00 €/Monat
– Lohnsteuer (nach Lohnsteuertabelle)	177,41 €
– Solidaritätszuschlag	9,75 €
– Kirchensteuer	14,19 €
– gesetzliche Krankenversicherung (________)	________
– Pflegeversicherung (________)	________
– gesetzliche Rentenversicherung (________)	________
– gesetzliche Arbeitslosenversicherung (________)	________
Sozialversicherungsabgaben ________	________
Nettogehalt ________	________

4 Musterprüfungssätze

Musterprüfungssatz 1

- Sie haben 60 Minuten Zeit.
- Jede der 29 Aufgaben hat in der Bewertung gleich viel Gewicht.
- Ist bei Fragen eine Situationsbeschreibung vorangestellt, dann lesen Sie diese zuerst sorgfältig durch. Beachten Sie, für welche Aufgaben die einzelnen Beschreibungen gültig sind.
- Es ist nur jeweils eine Lösung richtig. Beachten Sie die Aufgabenstellung bei Aufgabe 21.

Versetzen Sie sich in folgende Lage: Sie sind Mitarbeiterin bzw. Mitarbeiter der Firma Primagekauft GmbH.

Name der Firma: Primagekauft GmbH
Betriebsform: Vollkaufhaus mit Lebensmittelabteilung
Beschäftigte: 160 weiblich und männlich, davon 20 Azubis
Geschäftsführer: Sebastian Mohr

Firmensitz: 80335 München, Bahnhofsplatz 3, Innenstadtrandlage
Handelsregister: München HRB 7044
Umsatzsteuer-Identifikationsnummer: DE 44 33 22 11
Bankverbindung: Stadtsparkasse München
IBAN: DE20 4070 0500 0021 4578 32
BIC: GENOEDF1S54

Situation zu den Aufgaben 1–4:
Die Firma Primagekauft GmbH bestellt am 15. September 2019 Waren bei der Emil GmbH, einem langjährigen Zulieferer von Spielwaren an die Firma Primagekauft GmbH. Liefertermin 15. Oktober 2019.

1. Welche Folge hat ein Eigentumsvorbehalt der Firma Emil?

1. Die Firma Primagekauft GmbH ist erst nach Bezahlung der Rechnung Eigentümerin der Lieferung. ☐
2. Die Firma Emil lehnt jede Haftung für Beschädigung der Ware ab. ☐
3. Die Firma Primagekauft GmbH kann von der Bestellung zurücktreten. ☐
4. Die Firma Emil kann die Lieferung verweigern. ☐
5. Die Firma Primagekauft GmbH wird mit einer Anzahlung Eigentümerin der Ware. ☐

2. In welchem Fall kommt die Firma Emil GmbH in Lieferverzug?

1. Die Ware wird bereits am 1. Oktober 2019 geliefert. ☐
2. Die Ware kommt zwar pünktlich, aber mit beschädigter Verpackung. ☐
3. Die Firma Emil kündigt an, dass sie nicht pünktlich liefern kann. ☐
4. Lieferverzug kann erst nach der 2. Mahnung eintreten. ☐
5. Die Firma Emil liefert Ware nur gegen Vorkasse. ☐

3. Die Firma Emil GmbH liefert die Ware nach Mahnung und Fristsetzung mit Verzug am 30. Oktober 2019. Kann die Firma Primagekauft GmbH Schadenersatz für den Lieferverzug fordern?

1. Nein, zwei Wochen Verzug sind unter Kaufleuten hinzunehmen. ☐
2. Nein, dafür ist die Verzugsdauer zu gering. ☐
3. Ja, weil Lieferverzug grundsätzlich schadenersatzpflichtig ist. ☐
4. Ja, wenn der Firma Primagekauft GmbH ein beweisbarer Schaden entstanden ist. ☐
5. Ja, weil die Firma Primagekauft GmbH eine Frist gesetzt hat. ☐

4. Die Firma. Primagekauft GmbH bestellt für das Weihnachtsgeschäft kurzfristig telefonisch weitere Ware bei der Firma Emil. Was trifft zu?

1. Telefonische Bestellungen sind zwischen Kaufleuten nicht möglich. ☐
2. Es muss sofort eine schriftliche Bestellung nachgereicht werden. ☐
3. Kurzfristige Liefertermine bedürfen der Schriftform. ☐
4. Die Bestellung muss vom Geschäftsführer der Primagekauft GmbH bestätigt werden. ☐
5. Die Bestellung ist rechtskräftig, wenn sie angenommen wurde. ☐

Situation zu den Aufgaben 5–7:
In der Schreibwarenabteilung kauft eine Kundin mit ihrer siebenjährigen Tochter Farbstifte für 34,90 €. Es bedient sie Frau Janusch, Verkäuferin.

5. Wie wird der dabei geschlossene Kaufvertrag bezeichnet?

1. Einseitiger Handelskauf, weil der Verkäufer ein Kaufhaus ist. ☐
2. Bürgerlicher Kauf, weil Käuferin und Verkäuferin Bürgerinnen sind. ☐
3. Bürgerlicher Kauf, weil Verkaufsgeschäfte im Bürgerlichen Gesetzbuch geregelt sind. ☐
4. Verbrauchsgüterkauf, weil Fingerfarben Verbrauchsgüter sind. ☐
5. Gebrauchsgüterkauf, weil Fingerfarben Gebrauchsgüter sind. ☐

6. Die Farbstifte stellen sich bei der Kundin zuhause wegen ihrer Härte als nicht verwendungsfähig heraus. Welches Recht hat die Kundin als Käuferin?

1. Recht auf Erstattung des Kaufpreises ☐
2. Recht auf Nacherfüllung ☐
3. Recht auf Schadenersatz ☐
4. Keinerlei Rechte, da ein Verbrauchsgut vorliegt. ☐
5. Keinerlei Rechte, da der Kaufpreis unter 20 € liegt. ☐

7. Hätte die Tochter der Kundin die Farbstifte auch allein kaufen können?

1. Ja, aber nur in Sichtweite ihrer Mutter. ☐
2. Ja, weil der Kauf mit ihrem Taschengeld möglich wäre. ☐
3. Nein, weil das Kind nicht geschäftsfähig ist. ☐
4. Nein, weil das Kind nicht rechtsfähig ist. ☐
5. Nein, weil siebenjährige Kinder nur Waren bis 10 € kaufen dürfen. ☐

Situation zu den Aufgaben 8 und 9:
Ein Spediteur möchte seine LKWs mit Kaffeeautomaten des Typs „Minibrüh" ausrüsten und fordert ein Angebot über 20 Einheiten an. In Ihrer Abteilung sind 15 Stück vorrätig. Der Hersteller hat die Einstellung dieses Modells angekündigt.

8. Was müssen Sie bei einem Angebot beachten?

1. Erst müssen 5 Einheiten nachbestellt werden, dann kann ein Angebot gemacht werden. ☐
2. Das Angebot muss auf 10 Stück begrenzt werden mit dem Zusatz: „Weitere Lieferung möglich". ☐
3. Das Angebot muss eine Freizeichnungsklausel enthalten: „Solange Vorrat reicht". ☐
4. Die Menge im Angebot ist beliebig, denn es ist immer unverbindlich. ☐
5. Das Angebot muss den Zusatz enthalten: „Modell nach Wahl des Lieferanten". ☐

9. Der Spediteur bestellt auf Ihr Angebot hin die vorrätigen 15 Kaffeeautomaten „Minibrüh". Was gilt?

1. Der Kunde muss erst die Auftragsbestätigung abwarten. ☐
2. Es liegt eine rechtsgültige Bestellung vor. ☐
3. Sie dürfen zwei Muster für Nachbestellungen zurückhalten. ☐
4. Der Kunde wird wegen der Knappheit nur gegen Vorkasse beliefert. ☐
5. Sie dürfen den Verkaufspreis bei Lieferung erhöhen, da ein knappes Gut vorliegt. ☐

Situation für die Aufgaben 10 bis 17:
Die Firma Primagekauft GmbH stellt fünf Auszubildende zum Verkäufer bzw. zur Verkäuferin ein, Alter 15–17 Jahre.

10. Welcher Stelle muss die Firma Primagekauft GmbH die Ausbildungsverträge melden?

1. Handwerkskammer ☐
2. Industrie- und Handelskammer ☐
3. Agentur für Arbeit ☐
4. Betriebsrat ☐
5. Gewerkschaft ver.di ☐

11. Welche Bescheinigung müssen alle Auszubildenden vor Beginn der Ausbildung vorlegen?

1. Abschlusszeugnis einer allgemeinbildenden Schule ☐
2. Nachweis über eine Krankenversicherung ☐
3. Nachweis eines Wohnorts ☐
4. Bescheinigung über eine ärztliche Untersuchung nach Jugendarbeitsschutzgesetz ☐
5. Lohnsteuerkarte ☐

12. Vereinbart ist eine Probezeit von drei Monaten. Kann eine Auszubildende die Ausbildung nach Ablauf der Probezeit beenden?

1. Nein, in keinem Fall. ☐
2. Ja, aber erst nach Kündigung 6 Wochen zum Quartalsende. ☐
3. Ja, bei einem Wechsel des Berufes. ☐
4. Ja, wenn die Ausbildung Mängel zeigt. ☐
5. Ja, wenn die Ausbildungsvergütung nicht ausreichend ist. ☐

13. In welchem Fall liegt ein Verstoß gegen gesetzliche Vorschriften vor?

1. Die Geschäftsleitung verbietet im Dezember den Besuch der Berufsschule. ☐
2. Die Arbeitszeit beträgt acht Stunden täglich. ☐
3. Die Pausen sind in den einzelnen Abteilungen unterschiedlich. ☐
4. Die Auszubildenden dürfen an verkaufsoffenen Sonntagen nicht arbeiten. ☐
5. Die Auszubildenden werden mit der Präsentation von Sonderangeboten betraut. ☐

14. Was ist bei der Urlaubsdauer für die Auszubildenden zu beachten? Die Urlaubsdauer orientiert sich …

1. an den Erfordernissen der Firma Primagekauft GmbH. ☐
2. an der Anzahl der Krankheitstage. ☐
3. am Bedarf an Verkaufspersonal. ☐
4. an der Anzahl der Berufsschultage im Kalenderjahr. ☐
5. am Alter einer bzw. eines Auszubildenden am 1. Januar. ☐

15. Die Arbeitszeit der Auszubildenden beginnt um 8.30 Uhr, sie endet um 17.30 Uhr. Wann muss spätestens die erste Ruhepause beginnen?
Tragen Sie die Uhrzeit zweistellig in die Kästchen ein.

☐☐ : ☐☐

16. Welche Vereinbarung ist im Berufsausbildungsvertrag *nicht* enthalten?

1. Ausbildungsbeginn ☐
2. Ausbildungsende ☐
3. Ausbildungsvergütung ☐
4. Dauer der Probezeit ☐
5. Organisation des Berufsschulunterrichts ☐

17. Die Höhe der Ausbildungsvergütung orientiert sich …

1. an den Vereinbarungen im Ausbildungsvertrag. ☐
2. an den erreichten Leistungen in der Berufsschule. ☐
3. am wirtschaftlichen Erfolg der Primagekauft GmbH. ☐
4. an der Beurteilung durch die Abteilungsleiter. ☐
5. am Durchschnittsgehalt im Einzelhandel. ☐

Situation für die Aufgaben 18–20:
Die Auszubildende Anita Beer, 17 Jahre alt, legt am Freitag, 18. Mai 2020, ihre schriftliche und am Mittwoch, 20. Juni 2020, ihre mündliche Abschlussprüfung ab. Ihre Ausbildung zur Verkäuferin endet laut Ausbildungsvertrag am 31. August 2020.

18. Anita Beer möchte am Tag vor der Abschlussprüfung freigestellt werden. Ihr Abteilungsleiter lehnt das ab. Wie ist die Rechtslage?

1. Sie hat keinen Anspruch auf Freistellung, da die Prüfung nur vier Stunden dauert. ☐
2. Sie hat keinen Anspruch auf Freistellung, weil das nicht im Ausbildungsvertrag vereinbart ist. ☐
3. Sie hat einen Anspruch auf Freistellung, da sie noch nicht 18 Jahre alt ist. ☐
4. Der Anspruch auf Freistellung vor Prüfungen ist abgeschafft. ☐
5. Anita Beer muss einen Urlaubstag nehmen, wenn sie freigestellt werden will. ☐

19. Anita Beer erhält unmittelbar nach der mündlichen Prüfung die Mitteilung: „Abschlussprüfung bestanden". Ihr Ausbildungsverhältnis bei der Firma Primagekauft GmbH endet …

1. mit Vertragsende am 31. August 2020. ☐
2. am 20. Juni 2020. ☐
3. am 30. Juli 2020 mit dem Ende der Berufsschulpflicht. ☐
4. erst nach einer ordentlichen Kündigung zum Quartalsende. ☐
5. mit einer Kündigungsfrist von 2 Wochen zum Monatsende. ☐

20. Anita Beer möchte sich über Fortbildungsmöglichkeiten nach Abschluss ihrer Ausbildung informieren. Wer muss sie beraten?

1. Betriebsrat der Firma Primagekauft GmbH ☐
2. Arbeitgeber, die Firma Primagekauft ☐
3. Industrie- und Handelskammer ☐
4. Agentur für Arbeit ☐
5. Gewerkschaft ver.di ☐

21. Für die Berechnung des Nettolohns gilt folgendes Schema:

Steuer- und sozialversicherungspflichtiger Bruttoarbeitslohn	A
– Lohnsteuer	B
– Solidaritätszuschlag	C
– Kirchensteuer	D
– Arbeitnehmeranteil zur Sozialversicherung	E
= Nettogehalt	

Geben Sie an, welche Bestandteile A–E festgelegt werden von

1. Arbeitgeber ☐
2. Arbeitnehmer ☐
3. Bundestag ☐
4. Bundesagentur für Arbeit ☐
5. Kirchen ☐

22. Was ist die primäre Aufgabe des Einzelhandels im Wirtschaftsgeschehen?

1. Produktion von Gütern ☐
2. Verteilung von Gütern ☐
3. Lagerung und Disposition von Gütern ☐
4. Schaffung von Arbeitsplätzen im Handel ☐
5. Warenabnahme beim Großhandel ☐

23. Welche Unternehmen werden zum Primärsektor gerechnet?

1. Stahlwerk ☐
2. Kartoffelverarbeiter ☐
3. Hühnerfarm ☐
4. Fachgeschäft für Eisenwaren ☐
5. Kfz-Werkstatt ☐

24. Der Marktpreis in einer Volkswirtschaft …

1. lenkt das Güterangebot entsprechend dem Verteilungsplan. ☐
2. sorgt für niedrige Preise. ☐
3. sorgt für ein ausreichendes Angebot. ☐
4. stellt den Ausgleich zwischen Angebot und Nachfrage her. ☐
5. sorgt für eine hohe Qualität der Güter. ☐

25. Wie unterscheiden sich Besitz und Eigentum?

1. Eigentum: rechtliche Herrschaft über eine Sache, Besitz: tatsächliche Herrschaft. ☐
2. Eigentum setzt Besitz an einer Sache voraus. ☐
3. Je geringer das Eigentum, desto höher ist der Besitz. ☐
4. Eigentum setzt immer einen notariellen Kaufvertrag voraus. ☐
5. Je höher die Eigentumsquote in einer Volkswirtschaft, desto größer ist der Besitz. ☐

26. In welchem Fall ist das Rechtsgeschäft unwirksam?

1. Ein Schüler, zehn Jahre alt, kauft sich einen Lolly für 1,20 €. ☐
2. Eine Auszubildende, 17 Jahre alt, kauft sich einen Roller für 3500 €. ☐
3. Das Ehepaar Beer bezahlt ihrer Tochter Anita die Kosten für den Führerschein. ☐
4. Ein Student, 22 Jahre alt, ohne Einkommen, mietet sich ein Appartement. ☐
5. Eine Rentnerin, 80 Jahre alt, schließt einen Bausparvertrag ab. ☐

27. Welche Versicherung ist zuständig, wenn eine Verkäuferin beim Bestücken eines Regals mit Ware einen Unfall erleidet und zwei Wochen arbeitsunfähig ist?

1. Gesetzliche Krankenversicherung ☐
2. Private Krankenversicherung der Verkäuferin ☐
3. Haftpflichtversicherung des Unternehmens ☐
4. Private Haftpflichtversicherung ☐
5. Gesetzliche Unfallversicherung ☐

28. Welche Maßnahme ist umweltverträglich und umsetzbar?

1. Die Transportverpackung angelieferter Ware wird sofort zerkleinert. ☐
2. Lebensmittel, deren Haltbarkeit abgelaufen ist, werden der Tafel gespendet. ☐
3. Alle importierten Lebensmittel werden aus dem Sortiment genommen. ☐
4. Plastiktüten werden durch Papiertüten ersetzt. ☐
5. Es werden nur noch Getränke in Pfandflaschen in das Sortiment genommen. ☐

29. Ein Arbeitgeber muss seine Mitarbeiter auf besondere Gesundheitsgefahren hinweisen. Was gehört dazu?

1. Glatte Straßen und Wegen im Winter ☐
2. Tätigkeiten, die längeres Stehen oder Sitzen erfordern ☐
3. Umgang mit Gefahrstoffen ☐
4. Befüllen einer Tiefkühltruhe ☐
5. Entgegennahme von Geldscheinen an der Kasse ☐

Musterprüfungssatz 2

- Sie haben 60 Minuten Zeit.
- Jede der 29 Aufgaben hat in der Bewertung gleich viel Gewicht.
- Ist bei Fragen eine Situationsbeschreibung vorangestellt, dann lesen Sie diese zuerst sorgfältig durch. Beachten Sie, für welche Aufgaben die einzelnen Beschreibungen gültig sind.
- Es ist nur jeweils eine Lösung richtig. Beachten Sie die Aufgabenstellung bei den Aufgaben Nr. 1, 8, 27 und 29.

Versetzen Sie sich in folgende Lage: Sie sind Mitarbeiterin bzw. Mitarbeiter der Firma Primagekauft GmbH.

Name der Firma	Primagekauft GmbH
Betriebsform	Vollkaufhaus mit Lebensmittelabteilung
Beschäftigte	160 weiblich und männlich, davon 20 Azubis
Geschäftsführer	Sebastian Mohr
Firmensitz	80335 München, Bahnhofsplatz 3, Innenstadtrandlage
Handelsregister	München HRB 7044
Umsatzsteuer-Identifikationsnummer	DE 44 33 22 11
Bankverbindung	Stadtsparkasse München IBAN: DE20 4070 0500 0021 4578 32 BIC: GENOEDF1S54

Situation zu den Aufgaben 1–6:
Alle Aufgaben beziehen sich auf die Firma Primagekauft GmbH.

1. Die Grafik zeigt einen einfachen Wirtschaftskreislauf.

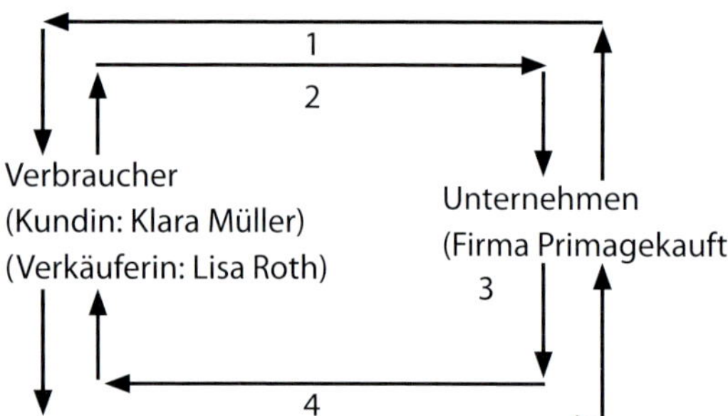

Tragen Sie die Nummern der Vorgänge in der richtigen Reihenfolge ein.

1. Frau Müller tätigt ihren Wocheneinkauf bei der Firma Primagekauft. ☐
2. Frau Müller bezahlt ihren Einkauf mit Geldkarte. ☐
3. Frau Roth arbeitet in Teilzeit bei der Firma Primagekauft. ☐
4. Frau Roth erhält Tariflohn. ☐

2. Was „fließt" von der Firma Primagekauft GmbH zu den Verbrauchern (Haushalten)?

1. Konsumgüter ☐
2. Investitionen ☐
3. Arbeitsleistungen ☐
4. Verbrauchssteuern ☐
5. Sozialabgaben ☐

3. **Welche Aussage trifft auf die Abteilung „Obst und Gemüse" zu?**

1. Steigt das Angebot und sinkt die Nachfrage, dann steigt der Preis. ☐
2. Steigt das Angebot und bleibt die Nachfrage gleich, dann steigt der Preis. ☐
3. Steigt das Angebot und sinkt die Nachfrage, dann fällt der Preis. ☐
4. Der Marktpreis hängt nur von der Menge ab. ☐
5. Je größer die angebotene Menge, desto höher ist der Preis. ☐

Preis
Angebot
Nachfrage
Menge

4. **In welchem Fall handelt die Primagekauft GmbH nach dem Maximalprinzip?**

1. Bei gleichen Personalkosten soll der Umsatz gesteigert werden. ☐
2. Die Kosten sollen nicht höher als der Gewinn steigen. ☐
3. Die Einkaufspreise müssen stabil gehalten werden. ☐
4. Der Gewinn soll in gleichem Maße wie der Umsatz steigen. ☐
5. Bei gleichbleibendem Umsatz müssen die Kosten gesenkt werden. ☐

5. **Welcher Vertrag ist nichtig?**

1. Der Geschäftsführer der Primagekauft GmbH bestellt telefonisch Ware beim Großhandel. ☐
2. Eine Verkäuferin, 18 Jahre alt, schließt einen Leasingvertrag über einen Pkw ab. ☐
3. Die Auszubildende Rita Rind, 17 Jahre, kauft sich ein Mobiltelefon für 600 €. ☐
4. Oma Huber spendet 20 € für eine Benefizaktion der Firma Primagekauft. ☐
5. Die Firma Primagekauft GmbH bietet Barauszahlungen auf Bank Card an. ☐

6. **In welchem Fall liegt eine einseitige Willenserklärung vor?**
Die Primagekauft GmbH …

1. erweitert das Kreditlimit bei ihrer Geschäftsbank. ☐
2. kündigt die Elementarschadenversicherung. ☐
3. bestellt Ware nach einem verbindlichen Angebot. ☐
4. schließt einen Ausbildungsvertrag mit einer Bewerberin ab. ☐
5. kauft ein Nachbargrundstück für eine geplante Erweiterung. ☐

7. **Was gilt für die Gewährleistung?**

1. Sie beträgt grundsätzlich ein Jahr. ☐
2. Sie muss beim Kauf einer Ware vereinbart werden. ☐
3. Sie entspricht immer der Garantiezeit. ☐
4. Sie beträgt beim Kauf von Waren zwei Jahre. ☐
5. Sie gilt nicht bei Sonderangeboten. ☐

8. **Ordnen Sie jeder Situation 1–4 zu, um welchen Fall unter A–D es sich handelt. Tragen Sie den richtigen Buchstaben in das Kästchen ein.**

1. Ein Abteilungsleiter weigert sich, bestellte Ware anzunehmen. ☐
2. Ein Liefertermin verzögert sich um eine Woche. ☐
3. Gelieferte Äpfel sind angefault. ☐
4. Der Geschäftsführer vergisst, eine Lieferantenrechnung zu bezahlen. ☐

A Nicht-Rechtzeitig-Zahlung
B Nicht-Rechtzeitig -Lieferung
C Schlechtleistung
D Gläubigerverzug

9. **Welche Wirkung hat ein Eigentumsvorbehalt?**

1. Der Lieferant bleibt Besitzer der Ware. ☐
2. Der Lieferant bleibt Eigentümer der Ware. ☐
3. Der Lieferant kann den Verkaufspreis beeinflussen. ☐
4. Der Vorbehalt sichert einem Käufer eine längere Gewährleistungsfrist. ☐
5. Der Käufer kann die Ware schneller umsetzen. ☐

Situation zu den Aufgaben 10–13:
Die Auszubildende Rita Gögel, 17 Jahre alt, teilt dem Geschäftsführer der Primagekauft GmbH mit, dass sie schwanger ist.

10. Was trifft auf das Ausbildungsverhältnis von Rita Gögel mit der Primagekauft GmbH zu?

1. Das Ausbildungsverhältnis wird bis zum Geburtstermin unterbrochen. ☐
2. Die Firma Primagekauft GmbH kann Frau Gögel ordentlich kündigen. ☐
3. Frau Kögel darf nur noch 6 Stunden pro Tag arbeiten. ☐
4. Frau Kögel darf nicht mehr an Samstagen arbeiten. ☐
5. Die Mutterschutzfrist beginnt 6 Wochen vor dem errechneten Geburtstermin. ☐

11. Frau Gögel bringt am 15. Januar 2019 ihre Tochter Lisa zur Welt. Wann darf sie ihre Ausbildung bei der Firma Primagekauft GmbH frühestens fortsetzen?

1. Nach einem Jahr, dem Ablauf der Elternzeit. ☐
2. Nach drei Monaten. ☐
3. Nachdem sie einen Krippenplatz gefunden hat. ☐
4. Nach acht Wochen. ☐
5. Wenn ihre Tochter Lisa einen Kindergarten besucht. ☐

12. Frau Gögel möchte sich zu Beginn der Schwangerschaft über das Thema „Elternzeit" erkundigen. Diese ist geregelt …

1. im Lohntarifvertrag für den Einzelhandel. ☐
2. im Manteltarifvertrag für den Einzelhandel. ☐
3. in einer Betriebsvereinbarung zwischen Betriebsrat und Primagekauft GmbH. ☐
4. im Ausbildungsvertrag. ☐
5. im Bundeselterngeld- und Elternzeitgesetz (BEEG). ☐

13. Welche Versicherung übernimmt die Arzt- und Krankenhauskosten, die mit der Schwangerschaft von Frau Gögel entstehen, sowie das Mutterschaftsgeld?

1. Gesetzliche Krankenversicherung ☐
2. Private Krankenversicherung ☐
3. Gesetzliche Pflegeversicherung ☐
4. Zusatzversorgung im Einzel- und Versandhandel ☐
5. Tagegeldversicherung ☐

14. Welche Personengruppen bezahlen keinen Beitrag zur Arbeitslosenversicherung?

1. Auszubildende ☐
2. Beschäftigte im Mindestlohn ☐
3. Saisonarbeitnehmer ☐
4. Geringfügig beschäftigte Rentner ☐
5. Mitglieder der Geschäftsleitung ☐

15. Was ist Voraussetzung, damit eine Betriebsversammlung in der Primagekauft GmbH durchgeführt werden kann?

1. Es muss ein Betriebsrat vorhanden sein. ☐
2. Mehr als 50 % der Mitarbeiter müssen sie beantragen. ☐
3. Es muss die Genehmigung der Agentur für Arbeit vorliegen. ☐
4. Die Gewerkschaft ver.di und der Arbeitgeberverband Handelsverband Deutschland – HDE e.V. müssen zustimmen. ☐
5. Die Betriebsversammlung muss außerhalb der Geschäftsöffnungszeiten stattfinden. ☐

16. Eine Auszubildende zur Verkäuferin bei der Primagekauft GmbH, 16 Jahre alt, hat am Montag ganztägig und am Donnerstagvormittag vier Zeitstunden Unterricht in der Berufsschule. Was entspricht dem Berufsbildungsgesetz?

1. Der Geschäftsführer muss die Auszubildende am Donnerstag ganztägig freistellen. ☐
2. Die Schulzeit vom Donnerstag muss am Samstag eingearbeitet werden. ☐
3. Die Unterrichtszeit in der Berufsschule ist Arbeitszeit. ☐
4. Nur der fachbezogene Unterricht wird auf die Arbeitszeit angerechnet. ☐
5. Während des Weihnachtsgeschäfts entfällt der Unterricht am Donnerstag. ☐

17. Was entspricht dem Jugendarbeitsschutzgesetz (JArbSchG)?

1. Es gilt für die Beschäftigung von Personen, die noch nicht 21 Jahre alt sind. ☐
2. Es gilt für Auszubildende unabhängig vom Alter. ☐
3. Es lässt eine Arbeitszeit von 8,5 Stunden von Montag bis Donnerstag zu. ☐
4. Es erlaubt, die Arbeitszeit von 40 Stunden pro Woche um 5 „Putzstunden“ zu verlängern. ☐
5. Die Agentur für Arbeit überprüft die Einhaltung des JArbSchG. ☐

18. Was bedeutet der Begriff „Friedenspflicht“ im Tarifvertragsrecht?

1. Arbeitgeberverbände und Gewerkschaften müssen Tarifverhandlungen friedlich führen. ☐
2. Während der Tarifverhandlungen sind Arbeitskampfmaßnahmen untersagt. ☐
3. Betriebsräte müssen Arbeitnehmer zur friedlichen Zusammenarbeit anhalten. ☐
4. Eine Kündigung eines Tarifvertrags ist nur in gegenseitigem Einvernehmen möglich. ☐
5. Tarifverträge sind allgemeinverbindlich, das sichert den Betriebsfrieden. ☐

19. In der Folge einer Kundenreklamation informiert der Geschäftsführer alle Mitarbeiter der Primagekauft GmbH über Rechts- und Geschäftsfähigkeit. Was trifft zu?

1. Alle Kunden sind rechtsfähig. ☐
2. Kauft ein Kunde im Auftrag eines Vereins ein, so muss seine Rechtsfähigkeit geprüft werden. ☐
3. Die Geschäftsfähigkeit ist bei jedem Kunden zu prüfen. ☐
4. Alle Erwachsenen sind geschäftsfähig. ☐
5. Kleinkinder unter 6 Jahren sind geschäftsunfähig. ☐

20. Welchem Rechtsbereich gehören die Allgemeinen Geschäftsbedingungen (AGB) an?

1. Arbeitsrecht ☐
2. Strafrecht ☐
3. Öffentliches Recht ☐
4. Privatrecht ☐
5. Gewohnheitsrecht ☐

21. Was gilt bei Kaufverträgen? Die Allgemeinen Geschäftsbedingungen (AGB) …

1. schützen vor überhöhten Preisen. ☐
2. gelten, auch wenn sie nicht vereinbart wurden. ☐
3. sind Teil des Strafrechts und schützen vor Übervorteilung. ☐
4. gewähren ein Rücktrittsrecht bei Onlinekäufen. ☐
5. können für viele Verträge genutzt werden. ☐

22. Was entspricht der Preisangabenverordnung (PAngV) im Einzelhandel?

1. Für Endverbraucher ist der Preis inklusive Mehrwertsteuer anzugeben. ☐
2. Bei Waren mit einem Preis über 100 € ist immer eine Rechnung auszustellen. ☐
3. Die Mehrwertsteuer ist in einer Rechnung immer gesondert auszuweisen. ☐
4. Der Preis für die Verpackung einer Ware ist gesondert anzugeben. ☐
5. Wenn auf der Ware nichts Abweichendes vermerkt ist, gilt ein Mehrwertsteuersatz von 19 %. ☐

23. Die Firma Primagekauft GmbH stellt eine Auswahl an Küchengeräten verschiedener Hersteller zusammen und präsentiert sie in einem Shop-in-Shop. Welche Funktion nimmt der Einzelhandel hier ein?

1. Präsentationsfunktion ☐
2. Mengenausgleichsfunktion ☐
3. Beratungsfunktion ☐
4. Sortimentsbildung ☐
5. Lagerfunktion ☐

24. Welcher Betrieb gehört zum tertiären Wirtschaftssektor?

1. Firma Primagekauft GmbH ☐
2. Firma Gutbeiss, Hersteller von Produkten aus Kartoffeln ☐
3. Firma Seebär, Fischzucht ☐
4. Firma Span, Hersteller von Ladeneinrichtungen ☐
5. Finanzamt Lüneburg ☐

25. In welchem Betrieb oder Wirtschaftszweig spielt der Faktor Kapital die größte Rolle?

1. Landwirtschaft ☐
2. Haustürgeschäfte ☐
3. Pkw-Hersteller ☐
4. Reinigungsfirma ☐
5. Pizzalieferant ☐

26. In welchem Fall findet Recycling nach dem Kreislaufwirtschaftsgesetz statt?

1. Die Firma Primagekauft GmbH bietet überwiegend regionale Produkte an. ☐
2. Verpackungen werden gesammelt, sortiert und dem Dualen System übergeben. ☐
3. Waren werden nach Ablauf des Haltbarkeitsdatums der örtlichen „Tafel" übergeben. ☐
4. Plastiktüten werden mit einem höheren Pfand belastet. ☐
5. Fleisch- und Wurstwaren werden auch in Behältnissen von Kunden abgegeben. ☐

27. Bringen Sie die Fragen zum Hergang eines Arbeitsunfalls in die richtige Reihenfolge. Tragen Sie die Ziffern in die Kästchen ein.

1. Wie viele Personen sind verletzt?
2. Wo geschah der Unfall?
3. Was ist genau passiert?
4. Welche Verletzungen liegen vor?

☐ ☐ ☐ ☐

28. Was gilt für Unfallverhütungsvorschriften?

1. Sie werden von der Agentur für Arbeit erlassen und überprüft. ☐
2. Jeder Mitarbeiter muss sie in Schriftform ausgehändigt bekommen. ☐
3. Kunden müssen mit Durchsagen auf sie aufmerksam gemacht werden. ☐
4. Sie gelten nur in Bereichen mit erhöhter Unfallgefahr. ☐
5. Die zuständige Berufsgenossenschaft überprüft sie regelmäßig. ☐

29. Was entspricht dem Kreislaufwirtschaftsgesetz (KrWG)? Tragen Sie die Nummern in aufsteigender Reihenfolge in die Kästchen ein.

1. Damenoberbekleidung muss recyclefähig sein.
2. Der Klimaschutz ist nachhaltig zu verbessern.
3. In Verkaufsräumen ist die Temperatur auf 18° C zu begrenzen.
4. Nicht verbrauchte Erzeugnisse müssen umweltverträglich entsorgt werden können.
5. Flüssigkeiten dürfen nur in Glasflaschen in den Handel kommen.
6. Der Verbrauch an Rohstoffen ist zu minimieren.

☐ ☐ ☐

Musterprüfungssatz 3

- Sie haben 60 Minuten Zeit.
- Jede der 29 Aufgaben hat in der Bewertung gleich viel Gewicht.
- Ist bei Fragen eine Situationsbeschreibung vorangestellt, dann lesen Sie diese zuerst sorgfältig durch. Beachten Sie, für welche Aufgaben die einzelnen Beschreibungen gültig sind.
- Es ist nur jeweils eine Lösung richtig. Beachten Sie die Aufgabenstellung bei Nr. 1, 8 und 27.

Versetzen Sie sich in folgende Lage: Sie sind Mitarbeiterin bzw. Mitarbeiter der Firma Primagekauft GmbH.

Name der Firma: Primagekauft GmbH
Betriebsform: Vollkaufhaus mit Lebensmittelabteilung
Beschäftigte: 160 weiblich und männlich, davon 20 Azubis
Geschäftsführer: Sebastian Mohr

Firmensitz: 80335 München, Bahnhofsplatz 3, Innenstadtrandlage
Handelsregister: München HRB 7044
Umsatzsteuer-Identifikationsnummer: DE 44 33 22 11
Bankverbindung: Stadtsparkasse München
IBAN: DE20 4070 0500 0021 4578 32
BIC: GENOEDF1S54

Situation zu den Aufgaben 1–5:
Alle Aufgaben beziehen sich auf die Firma Primagekauft GmbH.

1. Welche besondere Aufgabe hat der Einzelhandel in der Volkswirtschaft?

1. Produktion und Verteilung von Gütern ☐
2. Sortimentsbildung und Verkauf von Waren ☐
3. Zustellung von Waren an die Verbraucher ☐
4. Warenabnahme beim Großhandel ☐
5. Beratung von Endverbrauchern ☐

2. Was bedeutet die Aussage: Die Firma Primagekauft GmbH ist erwerbswirtschaftlich tätig?

1. Die Gesellschafter streben eine hohe Verzinsung des Eigenkapitals an. ☐
2. Das Gehalt von Herrn Mohr orientiert sich am Geschäftserfolg. ☐
3. Der Gewinn muss die Kosten decken. ☐
4. Die Firma Primagekauft GmbH erwirbt Waren von Großhändlern und Produzenten. ☐
5. Die Entlohnung der Mitarbeiter hängt vom Geschäftserfolg ab. ☐

3. In welchem Fall wird die Firma Primagekauft GmbH die Preise für Obst und Gemüse senken?

1. Das Angebot steigt durch Saisonware. ☐
2. Ein Mitbewerber erhöht die Preise für Obst und Gemüse. ☐
3. Die Großhändler erhöhen ihre Preise linear. ☐
4. Die Kundennachfrage nach Biogemüse steigt. ☐
5. Die Nachfrage nach Frischware sinkt zum Monatsende. ☐

4. In welchem Fall liegt eine vertikale Kooperation vor?
Die Firma Primagekauft GmbH …

1. richtet regelmäßig Sonderverkaufsflächen ein. ☐
2. beteiligt sich an einem Bio-Bauernhof. ☐
3. gründet mit anderen Kaufhäusern eine Einkaufsgenossenschaft. ☐
4. schließt eine Vereinbarung mit einem Online-Lieferservice. ☐
5. bewirbt sich um eine Postfiliale in ihren Geschäftsräumen. ☐

5. Die Primagekauft GmbH hat eine Warenlieferung mit dem Zusatz „Lieferung unter Eigentumsvorbehalt“ erhalten. Was bedeutet das?

1. Sie darf die Waren nur mit Zustimmung des Lieferanten verkaufen. ☐
2. Der Lieferant legt den Verkaufspreis fest. ☐
3. Die Ware bleibt bis zur vollständigen Bezahlung Eigentum des Lieferanten. ☐
4. Der Lieferant behält das Besitzrecht an der Ware. ☐
5. Die Ware muss bei Erhalt bezahlt werden. ☐

6. Was kennzeichnet den einfachen Wirtschaftskreislauf?

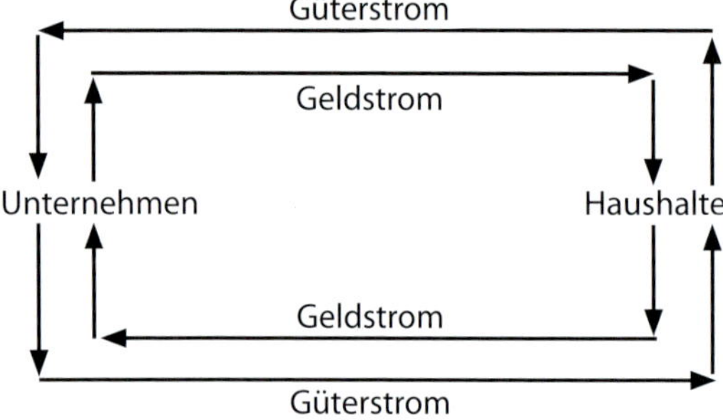

1. Je größer der Güterstrom, desto geringer der Geldstrom. ☐
2. Der Geldstrom wird durch Löhne und Gehälter ausgelöst. ☐
3. Im Geldstrom sind die Steuern enthalten. ☐
4. Im Güterstrom sind keine Dienstleistungen enthalten. ☐
5. Geld- und Güterstrom werden vom Staat geplant und kontrolliert. ☐

7. Die Grafik zeigt den Zusammenhang von Angebot und Nachfrage auf dem Markt. Was trifft zu?

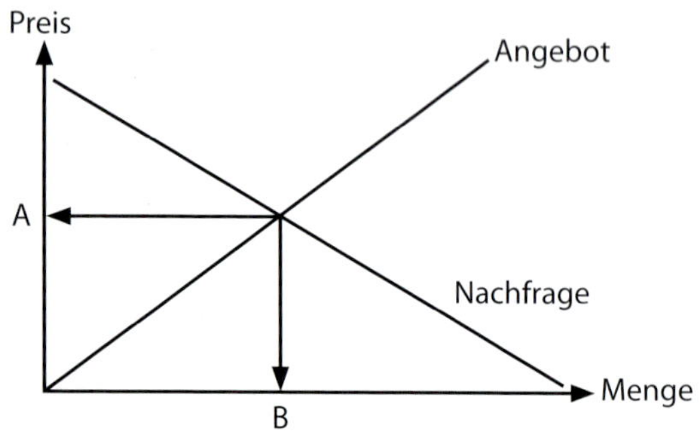

1. Der Gleichgewichtspreis A bildet sich bei einer Gleichgewichtsmenge B. ☐
2. Die Gleichgewichtsmenge B bildet sich beim Gleichgewichtspreis A. ☐
3. Angebot und Nachfrage sind immer im Gleichgewicht. ☐
4. Bei Grundnahrungsmitteln sorgt der Staat sorgt für einen niedrigen Gleichgewichtspreis. ☐
5. Die Nachfrage ist unabhängig vom Angebot konstant. ☐

Situation zu den Aufgaben 8–11:
Diese Aufgaben beziehen sich auf die Geschäftsbeziehungen zwischen der Firma Gutkauf GmbH und einem ihrer Lieferanten, der Firma Solide KG.

	Firma Primagekauft GmbH		Firma Solide KG
15.01.2020	Anfrage: 20 Trolleys der Marke Compact		
		20.01.2020	schriftliches Angebot mit Liefertermin 30.01.2020
22.01.2020	Bestellung laut Angebot mit E-Mail und Fax		
		02.02.2020	Fax: Die Lieferung wurde vergessen
05.02.2020	Mahnung mit Nachfrist 15.02.2020		
14.02.2020	Wareneingang		
		16.02.2020	Versand der Rechnung
18.02.2020	Rechnungseingang		
25.02.2020	Rechnungsausgleich		

8. An welchem Datum wurde der Kaufvertrag wirksam?

Tragen Sie das Datum in die Kästchen ein (TT MM JJJJ): ☐☐ ☐☐ ☐☐☐☐

9. Wann ist die Firma Solide KG in Lieferverzug?

Tragen Sie das Datum in die Kästchen ein (TT MM JJJJ): ☐☐ ☐☐ ☐☐☐☐

10. Von der Firma Solide KG wurde im Angebot kein Eigentumsvorbehalt geltend gemacht. Wann wurde demnach die Firma Primagekauft GmbH Eigentümerin der Ware?

Tragen Sie das Datum in die Kästchen ein (TT MM JJJJ): ☐☐ ☐☐ ☐☐☐☐

11. Wann wäre die Firma Primagekauft GmbH Eigentümerin der Ware geworden, wenn ein Eigentumsvorbehalt vereinbart wäre?

Tragen Sie das Datum in die Kästchen ein (TT MM JJJJ): ☐☐ ☐☐ ☐☐☐☐

12. Mit welcher Formulierung in einem Angebot wird dessen Verbindlichkeit eingeschränkt?

1. „Die Lieferung erfolgt frei Haus." ☐
2. „Wir gewähren Ihnen einen Rabatt bei Abnahme von 100 Stück." ☐
3. „Solange Vorrat reicht." ☐
4. „Wir übernehmen die übliche Gewährleistung." ☐
5. „Zahlen Sie den Rechnungsbetrag innerhalb von 30 Tagen." ☐

13. Was gilt für die „Allgemeinen Vertragsbedingungen"?

1. Sie dürfen dem Bürgerlichen Gesetzbuch (BGB) nicht widersprechen. ☐
2. Sie müssen den Käufer begünstigen. ☐
3. Sie werden bei jedem Vertrag neu ausgehandelt. ☐
4. Gerichtsstand ist immer die jeweilige Landeshauptstadt des Wohnsitzes des Verkäufers. ☐
5. Form und Inhalt sind im Handelsgesetzbuch (HGB) geregelt. ☐

14. Welche Formulierung in einem Angebot ist eine Zahlungsbedingung?

1. Der Angebotspreis gilt bei Bestellung bis zum TT MM JJJJ. ☐
2. Wir gewähren Ihnen einen Jubiläumsrabatt von 20 %. ☐
3. Bei Lieferung sind 25 % des Kaufpreises fällig. ☐
4. Der Gerichtsstand ist Hamburg. ☐
5. Wir liefern die Ware frei Bestimmungsort. ☐

15. Wie nimmt der Einzelhandel seine Mengenausgleichsfunktion wahr?

1. Einkauf beim Großhandel nach den Auftragseingängen der Kunden ☐
2. Zusammenstellung eines Sortiments von unterschiedlichen Herstellern ☐
3. Vergrößerung des Angebots bei steigender Nachfrage ☐
4. Preiserhöhung bei schwacher Nachfrage ☐
5. Einkauf einer größeren Menge, Einzelverkauf an Endkunden ☐

Situation zu den Aufgaben 16–20:
Diese Aufgaben beziehen sich auf Claudia Gross, 16 Jahre alt. Sie hat sich bei der Firma Gutkauf um eine Ausbildungsstelle als Verkäuferin beworben.

16. Der Geschäftsführer, Herr Bartels, darf Frau Gross beim Vorstellungsgespräch keine Frage stellen zu:

1. Schullaufbahn. ☐
2. aktuellem Wohnort. ☐
3. Schwangerschaft. ☐
4. Motiven für ihre Berufswahl. ☐
5. Plänen nach Ende der Berufsausbildung. ☐

17. Was entspricht dem Berufsbildungsgesetz (BBiG)?

1. Die Probezeit dauert ein Jahr. ☐
2. Der Besuch der Berufsschule ist freiwillig. ☐
3. Die Ausbildungsvergütung erhöht sich alle sechs Monate. ☐
4. Besteht der Auszubildende bzw. die Auszubildende die Abschlussprüfung nicht, so verlängert sich die Ausbildungszeit bis zum nächst möglichen Prüfungstermin. ☐
5. Die Anmeldung zur Berufsabschlussprüfung erfolgt durch die Berufsschule. ☐

18. Wo findet sich folgende Vorschrift zur Berufsabschlussprüfung „Verkäufer / Verkäuferin"? „Im Prüfungsbereich Wirtschafts- und Sozialkunde soll der Prüfling nachweisen, dass er in der Lage ist, allgemeine wirtschaftliche und gesellschaftliche Zusammenhänge der Berufs- und Arbeitswelt darzustellen und zu beurteilen."

1. Berufsausbildungsvertrag ☐
2. Berufsbildungsgesetz ☐
3. Jugendarbeitsschutzgesetz ☐
4. Schulordnung der Berufsschule ☐
5. Verordnung über die Berufsausbildungen zum Verkäufer und zur Verkäuferin ☐

19. Herr Bartels weist auf die Sorgfaltspflicht hin. Das bedeutet, die neue Auszubildende Claudia Gross muss …

1. das Eigentum der Firma Gutkauf sorgfältig behandeln. ☐
2. die Kunden sorgfältig beraten und bedienen. ☐
3. auf ihre Kleidung achten. ☐
4. alles tun, um die Abschlussprüfung zu bestehen. ☐
5. auch für ihre Kolleginnen und Kollegen Sorge tragen. ☐

20. Welche Vereinbarung im Berufsausbildungsvertrag für Claudia Gross wäre *nicht* zulässig?

1. Für beschädigte Waren Ersatz zu leisten. ☐
2. Eine Bleibeverpflichtung nach der Ausbildung. ☐
3. Über Geschäftsabläufe Stillschweigen zu bewahren. ☐
4. Die Pflicht, einen Ausbildungsnachweis zu führen. ☐
5. Sich in das Kollegium einzuordnen. ☐

21. Für welche gesetzliche Sozialversicherung muss ein Arbeitnehmer *keine* Beiträge leisten?

1. Gesetzliche Krankenversicherung ☐
2. Arbeitslosenversicherung ☐
3. Gesetzliche Unfallversicherung ☐
4. Gesetzliche Krankenversicherung ☐
5. Berufsunfähigkeitsversicherung ☐

22. Was ist *nicht* Aufgabe der Arbeitslosenversicherung?

1. Beratung zur Berufswahl ☐
2. Stellenvermittlung ☐
3. Förderung der beruflichen Fortbildung ☐
4. Arbeitslosengeld I ☐
5. Arbeitslosengeld II („Hartz IV") ☐

23. Was wird in Manteltarifverträgen geregelt?

1. Ausbildungsvergütungen ☐
2. Arbeitsbedingungen wie Dauer des Urlaubs, Wochenarbeitszeit etc. ☐
3. Stundenlöhne ☐
4. Lohnfortzahlung im Krankheitsfall ☐
5. Kündigungsschutz ☐

24. Was bedeutet Tarifautonomie?

1. Arbeitgeberverbände und Gewerkschaften können Tarifverträge ohne staatliche Vorgaben aushandeln. ☐
2. Lohn- und Gehaltstarife sind nicht bindend, also autonom. ☐
3. Tarifverhandlungen finden im Geheimen statt. ☐
4. Arbeitnehmer können aus verschiedenen Tarifen wählen. ☐
5. Das gesamte Arbeitsrecht ist autonom und in Tarifverträgen geregelt. ☐

25. Was gilt für den Arbeits- und Unfallschutz bei der Gutkauf GmbH?

1. Dafür ist allein der Geschäftsführer verantwortlich. ☐
2. Arbeitsschutzmaßnahmen zählen zu den freiwilligen Leistungen des Arbeitgebers. ☐
3. Alle Mitarbeiter müssen in Erster Hilfe ausgebildet sein. ☐
4. Es ist ein Sicherheitsbeauftragter zu bestellen. ☐
5. Mit Ge- und Verbotstafeln und -Hinweisen ist der Arbeits- und Unfallschutz erfüllt. ☐

26. Was fordert das Verpackungsgesetz (VerpackG) vom Einzelhandel?

1. Lebensmittel dürfen nur noch lose verkauft werden. ☐
2. Alle Getränkeflaschen unterliegen einer Pfandpflicht. ☐
3. Ziel ist es, Verpackungen thermisch zu verwerten. ☐
4. Kunststoffflaschen dürfen nicht mehr zerkleinert werden. ☐
5. Hersteller müssen das Inverkehrbringen von Verpackungen bei einer zentralen Stelle registrieren lassen. ☐

27. Die Sammelquote bei Batterien betrug 2019 ca. 55 %. Das bedeutet, es wurden …

1. ca. 55 % mehr an Batterien verkauft. ☐
2. ca. 55 % der verkauften Batterien nach Verbrauch zurückgegeben. ☐
3. ca. 45 % der verkauften Batterien nicht verwendet. ☐
4. weniger Batterien zurückgegeben als verkauft. ☐
5. ca. 55 % der verkauften Batterien recycelt. ☐

28. Was ist *kein* Beitrag zur Einsparung von Primärenergie bei der Gutkauf GmbH?

1. Absenkung der Raumtemperatur nachts auf 15° C ☐
2. Transparente Schiebeläden auf Tiefkühltruhen ☐
3. Einbau von Rauchschutzmeldern ☐
4. Einbau von wassersparenden Sanitärarmaturen ☐
5. Verwendung von Besen statt Kehrmaschinen in Verkaufsräumen ☐

29. Was trägt am nachhaltigsten zur globalen Ressourcenschonung bei?

1. Reduzierung des Fleischkonsums ☐
2. Verwendung von Recyclingpapier ☐
3. Einsatz von Laser- statt Tintenstrahldruckern ☐
4. Verzicht auf Plastik-Einkaufstüten ☐
5. Verwendung von Energiesparlampen statt Glühbirnen ☐

Musterprüfungssatz 4

- Sie haben 60 Minuten Zeit.
- Jede der 29 Aufgaben hat in der Bewertung gleich viel Gewicht.
- Ist bei Fragen eine Situationsbeschreibung vorangestellt, dann lesen Sie diese zuerst sorgfältig durch. Beachten Sie, für welche Aufgaben die einzelnen Beschreibungen gültig sind.
- Es ist nur jeweils eine Lösung richtig. Beachten Sie die Aufgabenstellung bei den Aufgaben Nr. 5, 10, 11 und 29.

Versetzen Sie sich in folgende Lage: Sie sind Mitarbeiterin bzw. Mitarbeiter der Firma Primagekauft.

Name der Firma	Primagekauft GmbH
Betriebsform	Vollkaufhaus mit Lebensmittelabteilung
Beschäftigte	160 weiblich und männlich, davon 20 Azubis
Geschäftsführer	Sebastian Mohr
Firmensitz	80335 München, Bahnhofsplatz 3, Innenstadtrandlage
Handelsregister	München HRB 7044
Umsatzsteuer-Identifikationsnummer	DE 44 33 22 11
Bankverbindung	Stadtsparkasse München IBAN: DE20 4070 0500 0021 4578 32 BIC: GENOEDF1S54

Situation zu den Aufgaben 1–4:
Allgemeine Fragen zur Stellung und Rolle der Firma Primagekauft GmbH im Wirtschaftsgeschehen.

1. Welchen Vorteil hat die Firma Primagekauft GmbH, wenn sie mit anderen Einzelhandelsunternehmen eine Einkaufsgenossenschaft gründet?

1. Einkaufsgenossenschaften sind steuerfrei. ☐
2. Die Garantieleistungen übernimmt die Einkaufsgenossenschaft. ☐
3. Die Kunden der Primagekauft GmbH bezahlen niedrigere Preise. ☐
4. Das Sortiment der Primagekauft GmbH wird breiter. ☐
5. Es lassen sich günstigere Einkaufskonditionen bei Lieferanten erzielen. ☐

2. Was muss die Firma Primagekauft GmbH all ihren Kunden anbieten?

1. Sonderangebote müssen für alle Kunden vorrätig sein. ☐
2. Beim Kauf von Elektro-Großgeräten muss eine Einweisung erfolgen. ☐
3. Alle Preise müssen als Bruttoverkaufspreise angegeben werden. ☐
4. Für alle Verbrauchsgüter muss eine Garantie von 1 Jahr geleistet werden. ☐
5. Beim Kauf von Computern muss eine Vor-Ort-Installation angeboten werden. ☐

3. Was ist *keine* Funktion der Firma Primagekauft GmbH im tertiären Wirtschaftssektor?

1. Beratungsfunktion ☐
2. Lagerfunktion ☐
3. Sortimentsbildung ☐
4. Güterproduktion ☐
5. Markterschließung ☐

4. Welche Folgen haben die Allgemeinen Geschäftsbedingungen (AGB) für die Firma Primagekauft GmbH, die ihr ein Zulieferer mitgeteilt hat?

> **Auszug aus den Allgemeinen Geschäftsbedingungen (AGB):**
> …
> 2. Eigentumsvorbehalt
> 2.1 Bis zur vollständigen Zahlung des Kaufpreises sowie bis zur Bezahlung aller früheren und zukünftigen Warenlieferungen aus der Geschäftsverbindung, einschließlich aller Nebenforderungen, bleiben die gelieferten Waren unser Eigentum (Vorbehaltsware, auch im Falle einer Be- und Weiterverarbeitung).

Der Zulieferer …

1. behält sich ein Rücktrittsrecht vom Kaufvertrag vor. ☐
2. kann die Ware bei Nichtzahlung zurückfordern. ☐
3. macht einen Vorschuss für künftige Warenlieferungen geltend. ☐
4. stellt Begleichung ausstehender Rechnungen zurück. ☐
5. untersagt die Be- und Weiterverarbeitung gelieferter Ware. ☐

5. Ein Kaufvertrag besteht aus einem Verpflichtungs- und einem Erfüllungsgeschäft und kommt durch Angebot oder Antrag zustande. Ordnen Sie den passenden Vorgang zu und tragen Sie die Nummer in das Kästchen ein:

Antrag: ☐
Annahme des Antrags: ☐
Zahlung: ☐

1. Die Firma Primagekauft GmbH bietet Sushi in Klarsichtboxen an.
2. Ein Kunde entnimmt dem Regal eine Klarsichtbox.
3. Der Kunde bezahlt mit Bank Card.
4. Die Kassenkraft scannt den Preis ein.
5. Der Kunde legt die Klarsichtbox auf das Transportband.
6. Der Kunde verlässt das Geschäft.

Situation für die Aufgaben 6–9:
Die Firma Primagekauft GmbH nimmt einen elektrischen Tischgrill neu in ihr Sortiment auf.

6. Welche Maßnahme entspricht dem Minimierungsprinzip?

1. Zum Ausgleich werden Gasgrills aus dem Sortiment genommen. ☐
2. Der Tischgrill wird zu einem niedrigen Einführungspreis verkauft. ☐
3. Die Gesamtkosten für die Produktwerbung sollen konstant bleiben. ☐
4. Das Verkaufspersonal wird durch einen externen Coach geschult. ☐
5. Die Tischgrills sollen möglichst wenig Regalfläche belegen. ☐

7. Die Absatzprognose ist sehr vage. Was bedeutet die Anweisung der Geschäftsleitung: „Der neue Elektro-Tischgrill wird auf Abruf vom Lieferanten bestellt"?

1. Der Zulieferer erhält telefonisch Rückmeldung über die Verkaufszahlen. ☐
2. Es muss ein Rückgaberecht vereinbart werden. ☐
3. Es darf nur telefonisch beim Lieferanten bestellt werden. ☐
4. Der Tischgrill wird in Teilmengen bestellt. ☐
5. Die Lieferantenrechnung wird erst nach Verkauf bezahlt. ☐

8. Um den Absatz zu steigern, wird der Tischgrill mit einem attraktiven Teilzahlungsmodell angeboten. Was ist dabei *nicht* zwingend notwendig?

1. Prüfen der Bonität des Kunden durch Vorlage einer Schufa-Auskunft ☐
2. Angabe des effektiven Jahreszinssatzes ☐
3. Schriftlicher Kauf- und Darlehensvertrag ☐
4. Schriftliche Belehrung über ein 14-tägiges Widerrufsrecht ☐
5. Zugesicherte Garantie von fünf Jahren ☐

9. In der Einführungsphase wird die Garantiezusage auf ein Jahr begrenzt. Was gilt?

1. Die Gewährleistung verkürzt sich auch auf ein Jahr. ☐
2. Die gesetzliche Gewährleistungsfrist beträgt weiterhin zwei Jahre. ☐
3. Kunden müssen nach einem Jahr Garantieansprüche an den Hersteller richten. ☐
4. Der Hersteller übernimmt nach einem Jahr die Garantieleistungen. ☐
5. Die hohe Qualität erlaubt eine verkürzte Garantiezusage. ☐

10. Beurteilen Sie die folgenden Rechtsgeschäfte (1–5) und ordnen Sie diese den vier rechtlichen Folgen zu. Tragen Sie die passenden Ziffern ein.

rechtlich wirksam: ☐
anfechtbar: ☐
schwebend unwirksam: ☐
nichtig: ☐

1. Die Auszubildende Karin Müller, 18 Jahre, schließt einen Handyvertrag ab.
2. Hansi Maier, 5 Jahre alt, kauft sich einen Lolly für 2 €.
3. Karla Kraus, 17 Jahre, kauft sich von ihrem Ersparten einen Roller für 2500 €.
4. Die Auszubildende Nicole Neuner bestellt beim Großhändler anstelle von 20 Gläsern Einlegegurken 20 Container mit Einlegegurken.
5. Der Geschäftsführer Sebastian Mohr ordnet wegen des Weihnachtsgeschäfts einen Arbeitsbeginn 30 Minuten früher an.

Situation für die Aufgaben 11–17:
Die Firma Primagekauft GmbH ist in der Berufsausbildung sehr engagiert. Als Ausbilder fungieren die Abteilungsleiterinnen und Abteilungsleiter. Sie müssen mit allen Fragen zur Berufsausbildung der Verkäufer und Verkäuferinnen vertraut sein.

11. In welchem Wirtschaftszweig sind die Nettokosten der Berufsausbildung am höchsten? Berechnen Sie zunächst die Nettokosten und tragen Sie diese in die letzte Spalte ein. Kreuzen Sie die Nummer mit dem höchsten Nettowert an.

Nr.	Wirtschaftszweig	Ausbildungskosten pro Azubi in €*	Erträge während der Ausbildung pro Azubi in €	Nettokosten der Ausbildung pro Azubi für ein Unternehmen in €
1	Öffentlicher Dienst	18 000	12 000	
2	Landwirtschaft	12 000	10 000	
3	Freie Berufe	13 000	9000	
4	Industrie und Handel	19 000	14 000	
5	Handwerk	14 000	13 000	

(*Stand: 2016)

12. Die Auszubildenden arbeiten acht Stunden täglich. Welches Pausenregime entspricht dem § 11 Jugendarbeitsschutzgesetz? Tragen Sie die Zahl in das Kästen ein.

1. Vormittagspause 15 min – Mittagspause 30 min ☐
2. Vormittagspause 10 min – Mittagspause 50 min ☐
3. Vormittagspause 10 min – Mittagspause 45 min ☐
4. Vormittagspause 15 min – Mittagspause 15 min – Nachmittagspause 15 min
5. Vormittagspause 15 min – Mittagspause 45 min – Nachmittagspause 15 min

13. Die Auszubildende Karin Müller, 18 Jahre, beantragt eine Freistellung am Tag vor ihrer schriftlichen Berufsabschlussprüfung. Wie ist die Rechtslage?

1. Gemäß BBiG muss sie freigestellt werden. ☐
2. Gemäß Ausbildungsordnung muss sie freigestellt werden. ☐
3. Da sie Auszubildende ist, muss sie freigestellt werden. ☐
4. Sie muss nicht freigestellt werden, das gilt nur für Jugendliche. ☐
5. Sie kann selbst entscheiden, ob und wann sie diesen freien Tag beansprucht. ☐

14. Wo sind die Inhalte der Ausbildung zum Verkäufer bzw. zur Verkäuferin festgelegt?

1. Verordnung über die Berufsausbildungen zum Verkäufer (VerkEHKflAusbV) ☐
2. Berufsbildungsgesetz (BBiG) ☐
3. Ausbildungsnachweis (Berichtsheft) ☐
4. Ausbildungsrahmenplan ☐
5. Prüfungsordnung der IHK ☐

15. Wer ist für die Registrierung der Ausbildungsverträge der Firma Primagekauft GmbH zuständig?

1. Die Firma Primagekauft GmbH ☐
2. Berufsschule ☐
3. Industrie- und Handelskammer ☐
4. Handwerkskammer ☐
5. Agentur für Arbeit ☐

16. Was ist Voraussetzung, damit bei der Primagekauft GmbH eine Auszubildenden- und Jugendvertretung (JAV) gewählt werden kann?

1. Es müssen mindestens 20 Jugendliche beschäftigt sein. ☐
2. Die zuständige Gewerkschaft ver.di muss einer Wahl zustimmen. ☐
3. Der Geschäftsführer muss einer Wahl zustimmen. ☐
4. Es muss bereits ein Betriebsrat vorhanden sein. ☐
5. Ein Betriebsrat muss bereit sein, den Vorsitz der JAV zu übernehmen. ☐

17. In welchem Fall darf eine Auszubildende bzw. ein Auszubildender abgemahnt werden?

1. Mitgliedschaft in einer Gewerkschaft ☐
2. Regelmäßig verspätete Arbeitsaufnahme ☐
3. Ungenügende Leistungen in der Berufsschule ☐
4. Überdurchschnittliche Anzahl von Krankheitstagen ☐
5. Werbung für eine Jugend- und Auszubildendenvertretung ☐

18. Die Höhe der Ausbildungsvergütung im Einzelhandel ist festgelegt …

1. im entsprechenden Flächentarifvertrag. ☐
2. im Manteltarifvertrag für den Einzel- und Onlinehandel. ☐
3. durch Beschluss der Geschäftsleitung der Unternehmen. ☐
4. in der Ausbildungsverordnung. ☐
5. im Ausbildungsvertrag. ☐

19. Wer legt Beitrag und Leistungen der gesetzlichen Krankenversicherung fest?

1. Medizinischer Dienst der Krankenkasse ☐
2. Vertreterversammlung der Krankenkasse ☐
3. Einzelne Krankenkasse ☐
4. Bundesregierung ☐
5. Bundestag ☐

20. Kevin Müller, 18 Jahre, Auszubildender zum Verkäufer, wird nach Ende seiner Ausbildung nicht übernommen. Wer muss ihn zu seiner beruflichen Zukunft kostenlos beraten?

1. Der Ausbildungsbetrieb ☐
2. Das zuständige Jobcenter ☐
3. Die Agentur für Arbeit ☐
4. Jede Zeitarbeitsvermittlung ☐
5. Jobberater privater Fernsehsender ☐

21. Kevin Müller, 18 Jahre, zurzeit arbeitslos, muss sich einer längeren Zahnbehandlung unterziehen. Wer muss dazu einen finanziellen Zuschuss leisten?

1. Agentur für Arbeit ☐
2. Jobcenter ☐
3. Gesetzliche Krankenkasse ☐
4. Gesetzliche Rentenversicherung ☐
5. Private Haftpflichtversicherung ☐

**22. Die Auszubildende Karla Kraus, 17 Jahre, möchte sich gegen Berufsunfähigkeit versichern.
Welche Versicherung ist zuständig?**

1. Gesetzliche Rentenversicherung ☐
2. Gesetzliche Krankenversicherung ☐
3. Gesetzliche Pflegeversicherung ☐
4. Private Versicherung ☐
5. Gesetzliche Unfallversicherung ☐

**23. Bei der Firma Primagekauft GmbH bewirbt sich eine Verkäuferin, gehbehindert, Grad der Behinderung (GdB) 50.
Was gilt?**

1. Sie muss eingestellt werden, da die Beschäftigungsquote für Behinderte von 5 % nicht erfüllt ist. ☐
2. Sie muss eingestellt werden, wenn das die Fachstelle für behinderte Menschen im Beruf verlangt. ☐
3. Sie kann nur mit Zustimmung des Betriebsrats eingestellt werden. ☐
4. Sie darf nicht eingestellt werden, weil eine Gehbehinderung im Verkauf nicht zulässig ist. ☐
5. Der Arbeitgeber ist in der Auswahl der Mitarbeiter frei. ☐

24. Für die Berechnung des Nettolohns gilt folgendes Schema:

Steuer- und sozialversicherungspflichtiger Bruttoarbeitslohn ☐
- Lohnsteuer ☐
- Solidaritätszuschlag ☐
- Kirchensteuer ☐
- Arbeitnehmeranteil zur Sozialversicherung ☐
= Nettogehalt

Welche Folge hat die Progression der Lohnsteuer auf das Nettogehalt?

1. Das Nettogehalt beträgt immer 70 % vom Bruttogehalt. ☐
2. Steigt das Bruttogehalt um 5 %, dann erhöht sich auch die Lohnsteuer um 5 %. ☐
3. Je höher das Bruttogehalt, desto höher der Prozentsatz der Lohnsteuer. ☐
4. Lohnsteuer und Kirchensteuer mindern das Bruttogehalt um 40 %. ☐
5. Die Progression der Lohnsteuer wird durch geringere Sozialversicherungsabgaben ausgeglichen. ☐

25. Welche Maßnahme ist unmittelbar ressourcenschonend und realistisch?

1. Es wird nur noch Ware ohne Transportverpackung angenommen. ☐
2. Es werden nur noch Lebensmittel aus der Region ins Sortiment aufgenommen. ☐
3. Grundnahrungsmittel werden nur noch in größeren Einheiten verkauft. ☐
4. Plastiktüten werden durch Papiertüten ersetzt. ☐
5. Der Zuckergehalt von Erfrischungsgetränken wird auf 10 % begrenzt. ☐

26. Was zeigt der Umweltengel auf einem Erzeugnis an?

1. Das Erzeugnis ist der Gesundheit förderlich. ☐
2. Mit dem Kauf des Erzeugnisses werden Umweltverbände gefördert. ☐
3. Das Erzeugnis stammt aus der Region. ☐
4. Es handelt sich um ein umweltfreundliches Erzeugnis. ☐
5. Das Erzeugnis wurde fair gehandelt. ☐

27. Was bedeutet dieses Zeichen?

1. Ein Erzeugnis entspricht europäischen Normen. ☐
2. Es ersetzt die frühere CE-Kennzeichnung. ☐
3. Es ist das Label des EU-Umweltministeriums. ☐
4. Es ist ein Gütesiegel für hohe Produktqualität. ☐
5. Es kennzeichnet Konsumgüter mit besonderer Umweltverträglichkeit. ☐

28. Das Verpackungsgesetz vom 01.01.2019 nennt folgende drei Ziele:

A Vermeidung von Verpackung
B Verwertung von Verpackung
C Wiederverwendung von Verpackung

Mit welcher Maßnahme wird *keines* der Ziele erreicht?

1. Der Einzelhandel bietet kostenpflichtig Papiertüten an der Kasse an. ☐
2. Die Transportverpackungen werden sortiert und gesammelt. ☐
3. Obst und Gemüse werden offen angeboten. ☐
4. Es werden bevorzugt Getränke in Pfandflaschen in das Sortiment genommen. ☐
5. Kunden können Verpackungen sortiert zurückgeben. ☐

29. Tragen Sie hinter das jeweilige Sicherheitszeichen die Bezeichnung ein und dahinter den zugehörigen Buchstaben (A–E).

A Brandschutzzeichen
B Warnzeichen
C Gebotszeichen
D Verbotszeichen
E Rettungszeichen

1. ______________________ ☐
2. ______________________ ☐
3. ______________________ ☐
4. ______________________ ☐
5. ______________________ ☐

Musterprüfungssatz 5

- Sie haben 60 Minuten Zeit.
- Jede der 29 Aufgaben hat in der Bewertung gleich viel Gewicht.
- Ist bei Fragen eine Situationsbeschreibung vorangestellt, dann lesen Sie diese zuerst sorgfältig durch. Beachten Sie, für welche Aufgaben die einzelnen Beschreibungen gültig sind.
- Es ist nur jeweils eine Lösung richtig. Beachten Sie die Aufgabenstellung bei den Aufgaben Nr. 24, 25 & 28.

Versetzen Sie sich in folgende Lage: Sie sind Mitarbeiterin bzw. Mitarbeiter der Firma Primagekauft GmbH.

Name der Firma: Primagekauft GmbH
Betriebsform: Vollkaufhaus mit Lebensmittelabteilung
Beschäftigte: 160 weiblich und männlich, davon 20 Azubis
Geschäftsführer: Sebastian Mohr

Firmensitz: 80335 München, Bahnhofsplatz 3, Innenstadtrandlage
Handelsregister: München HRB 7044
Umsatzsteuer-Identifikationsnummer: DE 44 33 22 11
Bankverbindung: Stadtsparkasse München
IBAN: DE20 4070 0500 0021 4578 32
BIC: GENOEDF1S54

Situation zu den Aufgaben 1–5:
Allgemeine Fragen zur Stellung und Rolle der Firma Primagekauft GmbH im Wirtschaftsgeschehen.

1. Worauf weist der Zusatz GmbH im Firmennamen des Kaufhauses Primagekauft hin?

1. Der Geschäftsführer Sebastian Mohr ist der Eigentümer. ☐
2. Der Geschäftsführer Sebastian Mohr haftet persönlich mit seinem Firmen- und Privatvermögen. ☐
3. Die Haftung der Firma Primagekauft GmbH ist auf 10 000 € begrenzt. ☐
4. Die Firma Primagekauft GmbH ist eine Kapitalgesellschaft mit einem oder mehreren Gesellschaftern. ☐
5. Anteilseigner der Firma Primagekauft GmbH sind mehrere Genossenschafter. ☐

2. Die Firma Primagekauft GmbH verfolgt mehrere Unternehmensziele. Was ist ein soziales Ziel?

1. Alle Mitarbeiter sind in der gesetzlichen Sozialversicherung. ☐
2. Die weiblichen Mitarbeiter können zwischen Teilzeit- und Vollbeschäftigung wählen. ☐
3. Das Unternehmen leistet einen erheblichen Zuschuss zum Essen im Betriebscasino. ☐
4. Es bestehen ein Betriebsrat und eine Jugend- und Auszubildendenvertretung. ☐
5. Alle Mitarbeiter werden nach Tarif bezahlt. ☐

3. Welche Hauptfunktion hat die Firma Primagekauft GmbH als Einzelhandelsunternehmen?

1. Einkauf von Rohstoffen und deren Veredelung zu Fertigprodukten ☐
2. Einkauf von Waren in großen Mengen und Verkauf in handelsüblichen Mengen ☐
3. Beratung von Privat- und Großkunden ☐
4. Anbieten von haushaltsnahen Dienstleistungen ☐
5. Lagern von industriell gefertigten Waren bis zum Verkauf ☐

4. Wodurch kann die Firma Primagekauft GmbH mit gleichbleibenden Kosten einen höheren Gewinn erzielen?

1. Maximierungsprinzip ☐
2. Minimierungsprinzip ☐
3. Wirtschaftlichkeitsprinzip ☐
4. Effektivprinzip ☐
5. Taylorisches Prinzip ☐

5. **Geld- und Güterstrom kennzeichnen den einfachen Wirtschaftskreislauf. Es gilt:**

1. Sie sind gleichgerichtet. ☐
2. Sie sind gegengerichtet. ☐
3. Die Bundesbank steuert den Geldstrom, die Wirtschaft den Güterstrom. ☐
4. Je größer der Geldstrom, desto wohlhabender die Volkswirtschaft. ☐
5. Der Staat versucht, Geld- und Güterstrom im Gleichgewicht zu halten. ☐

6. **Wie unterscheiden sich Besitz und Eigentum im folgenden Fall? Herr Kevin Klar mietet ein Appartement.**

1. Der Vermieter ist Besitzer, der Mieter ist Eigentümer. ☐
2. In diesem Fall kann nicht zwischen Besitz und Eigentum unterschieden werden. ☐
3. Der Mieter ist Besitzer, der Vermieter bleibt Eigentümer. ☐
4. Bei säumigen Mietzahlungen geht der Besitz vom Mieter auf den Eigentümer über. ☐
5. Ein Mieter wird durch die Mietzahlung vom Besitzer zum Eigentümer. ☐

7. **Die Allgemeinen Geschäftsbedingungen (AGB) beim Abschluss von Kaufverträgen ...**

1. schützen vor Zahlungsausfall. ☐
2. schränken die Rechte des Verkäufers ein. ☐
3. gelten nur im Verkehr zwischen Vollkaufleuten. ☐
4. können dauerhaft auch für weitere Verträge angewandt werden. ☐
5. ersetzen ein Schlichtungsverfahren bei Vertragsbrüchen. ☐

8. **In welchem Fall liegt ein Kaufvertrag vor?**

1. Herr Maier informiert sich im Internet über Gebrauchtwagen. ☐
2. Die Firma Primagekauft GmbH beschafft eine Kühlanlage im Leasingvertrag. ☐
3. Ein Landwirt kauft zwei Hektar Nutzwald. ☐
4. Eine Internetapotheke bietet Rheumamittel an. ☐
5. Die Firma Primagekauft GmbH veranstaltet eine Modenschau mit Verlosung. ☐

9. **Franchising ist eine Form der Kooperation zwischen Geschäftspartnern. Was gehört *nicht* dazu?**

1. Recht der Nutzung eines Markenzeichens ☐
2. Nutzung eines Organisationskonzepts ☐
3. Finanzierung durch den Franchisegeber ☐
4. Rechtliche Eigenständigkeit des Franchisenehmers ☐
5. Garantierter Umsatz des Franchisenehmers ☐

10. **Die Preisangabenverordnung (PAngV) verlangt ...**

1. vom Einzelhandel die Angabe des Bruttopreises von Waren. ☐
2. von Banken die Angabe des Monatszinses für Kleinkredite. ☐
3. vom Einzelhandel den Verzicht auf vergleichende Werbung. ☐
4. vom Onlinehandel Angaben über den Jahresumsatz. ☐
5. von Gaststätten die Ausstellung von Rechnungen für Getränke. ☐

11. **In welchem Fall liegt eine nicht empfangsbedürftige Willenserklärung vor?**

1. Die Firma Primagekauft GmbH mahnt einen säumigen Zahler schriftlich an. ☐
2. Die Firma Primagekauft GmbH stellt eine neue Mitarbeiterin zur Warenpräsentation ein. ☐
3. Das Ehepaar Müller verfasst ein gemeinsames Testament. ☐
4. Ein Unternehmen kündigt einem Mitarbeiter wegen Auftragsmangel. ☐
5. Die Firma Primagekauft GmbH macht einem Auszubildenden ein schriftliches Übernahmeangebot nach bestandener Abschlussprüfung. ☐

Situation zu den Aufgaben 12–16:
Als Mitarbeiterin im Einkauf der Firma Primagekauft GmbH haben Sie bei der Firma Ruf am 16.04.2020 eine Anfrage über zehn elektrische Tischgrills gestellt. Sie erhalten das folgende Angebot.

Firma Ruf KG Hubergasse 20 44649 Wanne-Eickel

Firma Primagekauft GmbH
Einkauf: Frau Dagmar Eimer
Bahnhofsplatz 3
80335 München

23.04.2020

Angebot

Auf Ihre Anfrage vom 16.04.2019 machen wir Ihnen folgendes Angebot:

	Einzelpreis	Menge	Gesamtpreis
Tischgrill, elektrisch, Modell Schmecker	75,- €	10	750,00 €
	-20 % Rabatt		-150,00 €
	Angebotspreis netto		600,00 €
	+USt. 19 %		114,00 €
	Angebotspreis brutto		**714,00 €**

Dieses Angebot ist nur bei Eingang Ihrer Bestellung während unserer Aktionswochen gültig: 01.–30. April 2020.
Die Lieferung erfolgt 5 Tage nach Bestelleingang.
Zahlbar innerhalb von 14 Tagen mit 2 % Skonto oder nach 30 Tagen netto Kasse.
Die Lieferung erfolgt frei Haus unter Eigentumsvorbehalt.
Es gelten die Allgemeinen Geschäftsbedingungen, die wir Ihnen auf Anforderung gerne zusenden.

12. In welchem Fall kommt ein Kaufvertrag zwischen der Firma Ruf KG und der Firma Primagekauft GmbH zustande? Sie bestellen …

1. am 26.04.2020 per Fax: 10 Tischgrills nach Angebot. ☐
2. am 14.05.2020 schriftlich: 10 Tischgrills nach Angebot. ☐
3. am 25.04.2020 per Brief: 10 Tischgrills, reduzieren aber den Angebotspreis auf 700,- €. ☐
4. am 30.04.2020 per Brief: 10 Tischgrills nach Angebot. ☐
5. am 26.04.2020: 5 Tischgrills nach Angebot. ☐

13. Was bedeutet die Klausel „frei Haus"?

1. Sie müssen den Platz im Lager für die Lieferung freihalten. ☐
2. Es fallen nur Kosten für den Transport von der Grundstücksgrenze zum Lager der Firma Primagekauft GmbH an. ☐
3. Es fallen keine Transportkosten an. ☐
4. Die Transportkosten müssen direkt der Spedition entrichtet werden. ☐
5. Die Firma Ruf KG ist nicht an ein bestimmtes Lieferdatum gebunden. ☐

14. Was bedeutet die Klausel „unter Eigentumsvorbehalt"?

1. Die Ware kann nur auf Rechnung der Firma Ruf KG verkauft werden. ☐
2. Die Firma Primagekauft GmbH ist Besitzer der Ware vor der vollständigen Bezahlung. ☐
3. Bei Übergabe der Ware erlischt der Eigentumsvorbehalt. ☐
4. Bis zur vollständigen Begleichung des Rechnungsbetrages bleibt die Ware Eigentum der Firma Ruf KG. ☐
5. Die Firma Primagekauft GmbH kann den Eigentumsvorbehalt bei Verzicht auf Skonto ablösen. ☐

15. Sie bestellen am 26.04.2020 10 Tischgrills nach Angebot. Die Ware trifft bei Ihnen am 30.04.2020, die Rechnung am 05.05.2020 ein. In welchem Fall nutzt die Firma Primagekauft GmbH das Skonto?
Bei Rechnungsbegleichung ...

1. am 10.05.2020, Überweisung: 712,00 €. ☐
2. am 05.05.2020, Überweisung: 714,00 €. ☐
3. am 22.05.2020, Überweisung: 699,72 €. ☐
4. am 18.05.2020, Überweisung: 702,00 €. ☐
5. am 18.05.2020, Überweisung: 699,72 €. ☐

16. Welche Art von Kaufvertrag liegt hier vor?

1. Bürgerlicher Kauf ☐
2. Einseitiger Handelskauf ☐
3. Zweiseitiger Handelskauf ☐
4. Stückkauf ☐
5. Spezifikationskauf ☐

Situation zu den Aufgaben 17–20:
Die Auszubildende bei der Firma Primagekauft GmbH, Nicole Neuer, 18 Jahre alt, legt am Donnerstag, 16. Mai 2020, ihre schriftliche und am Dienstag, 19. Juni 2020, ihre mündliche Abschlussprüfung ab. Ihre Ausbildung zur Verkäuferin endet laut Ausbildungsvertrag am 31. August 2020.

17. Nicole Neuer möchte am Tag vor der Abschlussprüfung freigestellt werden. Ihr Abteilungsleiter lehnt das ab. Wie ist die Rechtslage?

1. Sie hat keinen Anspruch auf Freistellung, da die Prüfung nur drei Stunden dauert. ☐
2. Sie hat keinen Anspruch auf Freistellung, weil das nicht im Ausbildungsvertrag vereinbart ist. ☐
3. Sie hat keinen Anspruch auf Freistellung, weil diese nur für Jugendliche gilt. ☐
4. Der Anspruch auf Freistellung vor Prüfungen ist abgeschafft. ☐
5. Nicole Neuer kann bei der IHK einen Antrag auf Verlegung der Prüfung stellen. ☐

18. Nicole Neuer erhält unmittelbar nach der mündlichen Prüfung die Mitteilung: „Abschlussprüfung bestanden“. Ihr Ausbildungsverhältnis bei der Firma Primagekauft GmbH endet …

1. mit Vertragsende am 31. August 2020. ☐
2. mit einer Kündigungsfrist von 2 Wochen zum Monatsende. ☐
3. am 30. Juli 2020 mit dem Ende der Berufsschulpflicht. ☐
4. erst nach einer ordentlichen Kündigung zum Quartalsende. ☐
5. am 19. Juni 2020. ☐

19. Nicole Neuer möchte ihre Ausbildung fortsetzen zur Kauffrau im Einzelhandel. Wie ist die Rechtslage?

1. Die Firma Primagekauft GmbH muss ihr einen Ausbildungsvertrag anbieten. ☐
2. Die Agentur für Arbeit fördert diese Weiterbildung finanziell. ☐
3. Die Fortsetzung der Ausbildung ist nur bei einem Abschluss zur Verkäuferin mit „sehr gut“ möglich. ☐
4. Nicole Neuer hat keinen Anspruch auf einen weiteren Ausbildungsvertrag gegen die Firma Primagekauft GmbH. ☐
5. Eine weitere Berufsausbildung zur Kauffrau im Einzelhandel ist rechtlich nicht möglich. ☐

20. Nicole Neuer erhält von der Firma Wunderkauf einen Ausbildungsvertrag zur Kauffrau im Einzelhandel. Sie kann diese zweite Berufsausbildung frühestens beginnen …

1. am 20. Juni 2020. ☐
2. am 01. September 2020. ☐
3. nach einer Wartezeit von einem Jahr. ☐
4. …, nachdem die Firma Primagekauft GmbH die zweite Ausbildung genehmigt hat. ☐
5. …, wenn die IHK dazu ihr Einverständnis erteilt. ☐

Situation zu Aufgabe 21–22:
In der Firma Primagekauft GmbH soll nach dem Betriebsrat auch eine Jugend- und Auszubildendenvertretung (JAV) gewählt werden.

21. Wahlberechtigt zur JAV sind …

1. nur die Auszubildenden ab dem zweiten Ausbildungsjahr. ☐
2. alle jugendlichen Beschäftigten unter 18 Jahren und alle Auszubildenden unter 25 Jahren. ☐
3. alle 20 Auszubildenden, unabhängig vom Alter. ☐
4. nur Auszubildende zwischen 18 und 25 Jahren. ☐
5. nur jugendliche Beschäftigte und Auszubildende, die auch berufsschulpflichtig sind. ☐

22. Wer muss die Wahl zur JAV organisieren?

1. Betriebsrat ☐
2. Die bei der Firma Primagekauft GmbH vertretende Gewerkschaft ☐
3. Geschäftsleitung ☐
4. Die Auszubildenden ☐
5. Agentur für Arbeit ☐

23. Eine Mitarbeiterin der Firma Primagekauft GmbH stürzt im Lager und ist 1 Woche arbeitsunfähig. Wer kommt für Arzt- und sonstige Krankheitskosten auf?

1. Gewerbeaufsichtsamt ☐
2. Haftpflichtversicherung der Firma Primagekauft ☐
3. Private Haftpflichtversicherung ☐
4. Gesetzliche Krankenkasse ☐
5. Berufsgenossenschaft ☐

24. Eine Verkäuferin bei der Firma Primagekauft GmbH bezieht einen Monatslohn von 1950,- € brutto. Wie hoch ist ihr persönlicher Krankenversicherungsbeitrag, wenn der Gesamtbeitrag 14,6 % beträgt?
Tragen Sie diesen Betrag in die Kästchen ein.

Euro Cent
☐☐☐,☐☐

25. Eine Verkäuferin, 22 Jahre alt, ledig, ist seit zwei Jahren berufstätig. Ihr Bruttolohn beträgt 1780 €, der Nettolohn 1246 €. Bei Arbeitslosigkeit erhält sie ein Arbeitslosengeld I von 747,60 € netto pro Monat.
Wie viel Prozent vom Nettolohn entspricht das Arbeitslosengeld?
Tragen Sie den Prozentsatz ohne Kommastellen in die Kästchen ein.

☐☐ %

26. Wer vereinbart die Tarifgehälter für Beschäftigte im Einzelhandel?

1. Nur die Gewerkschaft ver.di ☐
2. Auf Unternehmensebene der Betriebsrat mit der Geschäftsleitung ☐
3. Nur der Handelsverband Deutschland – HDE e.V. ☐
4. Gewerkschaft ver.di mit dem Arbeitgeberverband Handelsverband Deutschland – HDE e.V. ☐
5. Jeder Mitarbeiter selbst mit der Lohnbuchhaltung ☐

27. Was muss ein Einzelhandelsbetrieb nach Verpackungsgesetz bereithalten?

1. Einrichtung zur Zerkleinerung von PET-Flaschen ☐
2. Sammelbehälter für mitgebrachte Haushaltsabfälle ☐
3. Einrichtung zur Reinigung unverpackter Lebensmittel ☐
4. Transportverpackungen für unverpackte Lebensmittel ☐
5. Sammelbehälter für unterschiedliche Umverpackungen ☐

**28. Geben Sie an, welche Zeichen Gebotszeichen sind.
Tragen Sie die Nummern in ansteigender Reihenfolge in die Kästchen ein.**

1 

2 

3 

4 

5 

6 

29. Was bedeutet dieses Symbol?

1. Symbol für umweltfreundliche Kunststoffe ☐
2. Allgemeines Recyclingsymbol ☐
3. Sammelstelle für Abfälle aller Art ☐
4. Sammelstelle für Gemüse- und Obstabfälle ☐
5. Erzeugnis aus fairem Handel ☐

5 Lösungen zu den Aufgaben

Kap. 1 Wirtschaftliche Grundbegriffe:

Lösungen zu Kap. 1.1 Bedürfnisse und Bedarf, Seite 7

1. ⑤ 5. ⑤④②③① 9. ④
2. ② 6. ④
3. ③ 7. ⑤
4. ① 8. ①

Lösungen zu Kap. 1.2 Güter in der Wirtschaft, Seite 9

1. ⑤ 3. ② 5. ⑤ 7. ④ 9. ③
2. ① 4. ② 6. ② 8. ②

Lösungen zu Kap. 1.3 Wirtschaftssektoren, Seite 11

1. ④ 3. ⑤ 5. ② 7. ⑤ 9. ③
2. ③ 4. ① 6. ② 8. ①

Lösungen zu Kap. 1.4 Aufgaben des Einzelhandels, Seite 13

1. ② 3. ① 5. ④ 7. ③
2. ③ 4. ④ 6. ② 8. ①

Lösungen zu Kap. 1.5 Wirtschaftsprinzip, Seite 16

1. ④ 3. ③ 5. ④ 7. ①
2. ① 4. ④ 6. ② 8. ①

Lösungen zu Kap. 1.6 Wirtschaftskreislauf, Seite 18

1. ⑤ 4. ④ 7. ② 9. ①A, ②C, ③B,
2. ③ 5. ② 8. ④ ④A, ⑤D
3. ① 6. ①

Lösungen zu Kap. 1.7 Der Markt und Marktfunktionen, Seite 21

1. ④ 3. ① 5. ③ 7. ⑤
2. ⑤ 4. ② 6. ③

Lösungen zu Kap. 1.8 Wettbewerb, Kooperation und Konzentration in der Wirtschaft, Seite 25

1. ③ 3. ⑤ 5. ④ 7. ④ 9. ①
2. ② 4. ① 6. ① 8. ②

Lösungen zu Kap. 1.9 Arbeitsteilung, Seite 27

1. ③ 3. ① 5. ④ 7. ⑤
2. ① 4. ② 6. ① 8. ④

Kap. 2 Rechtliche Rahmenbedingungen

Lösungen zu Kap. 2.1 Rechtliche Grundbegriffe, Seite 30

1. ① 3. ①b ②a ③c ④a ⑤b 4. ⑤ 6. ④
2. ② 5. ③ 7. ③

Lösungen zu Kap. 2.2 Arten und Formen von Rechtsgeschäften, Seite 32

1. ③ 3. ② 5. ①c ②c ③b ④b ⑤a
2. ⑤ 4. ① 6. ⑤ 7. ④ 8. ⑤

Lösungen zu Kap. 2.3 Kaufverträge, Vertragsarten, Seite 36

1. ⑤ 3. ② 5. ① 7. ⑤ 9. ①
2. ③ 4. ④ 6. ② 8. ④ 10. ④

Lösungen zu Kap. 2.4 Leistungsstörungen und Verjährung, Seite 41

1. ⑤ 3. ⑤ 5. ③ 7. ⑤
2. ① 4. ④ 6. ③ 8. ④

Lösungen zu Kap. 2.5 Rechtsformen von Unternehmen, Seite 44

1. ⑤ 4. ③ 7. ③
2. ④ 5. ② 8. ④
3. ⑤ 6. ② 9. ②

Kap. 3 Menschliche Arbeit im Betrieb

Lösungen zu Kap. 3.1 Berufsausbildung, Seite 48

1. ④ 3. ③ 5. ④ 7. ⑤ 9. ②
2. ① 4. ② 6. ① 8. ④

Lösungen zu Kap. 3.2 Tarifrecht, Seite 50

1. ② 3. ③ 5. ③ 7. ⑤
2. ⑤ 4. ④ 6. ⑤ 8. ⑤

Lösungen zu Kap. 3.3 Arbeitsschutz, Seite 55

1. ④ 3. ③ 5. ③ 7. ⑤
2. ② 4. ④ 6. ⑤ 8. ①

Lösungen zu Kap. 3.4 Umweltschutz, Seite 58

1. ③ 3. ⑤ 5. ③ 7. ①
2. ② 4. ④ 6. ① 8. ①

Lösungen zu Kap. 3.5 Vertretung und Mitwirkung der Arbeitnehmer, Seite 61

1. ⑤ 3. ④ 5. ④ 7. ③
2. ① 4. ② 6. ⑤ 8. ①

Lösungen zu Kap. 3.6 Sozialversicherungen, Seite 64

1. ③ 3. ③ 5. ④ 7. 134,32 €
2. ⑤ 4. ① 6. ③

8.

gesetzliche Krankenversicherung (7,3 %)	144,54 €
Pflegeversicherung (3,05 %)	30,20 €
gesetzliche Rentenversicherung (18,6 %)	184,14 €
gesetzliche Arbeitslosenversicherung (2,4 %)	23,76 €
Sozialversicherungsabgaben:	382,64 €
Nettogehalt:	1394,03 €

Kap. 4 Musterprüfungssätze

Lösungen zum Musterprüfungssatz 1, Seite 65

1. ①	10. ②	19. ②	22. ②
2. ③	11. ④	20. ④	23. ③
3. ④	12. ③	21. ① A	24. ④
4. ⑤	13. ①	② –	25. ①
5. ④	14. ⑤	③ B	26. ②
6. ②	15. 13.00 Uhr	④ –	27. ⑤
7. ③	16. ⑤	⑤ D	28. ④
8. ③	17. ①		29. ③
9. ②	18. ③		

Lösungen zum Musterprüfungssatz 2, Seite 70

1. ① 3 ② 2 ③ 4 ④ 1	11. ④	21. ⑤
2. ①	12. ⑤	22. ①
3. ③	13. ①	23. ④
4. ①	14. ④	24. ①
5. ③	15. ①	25. ③
6. ②	16. ③	26. ②
7. ④	17. ③	27. ② ③ ① ④
8. ① D ② B ③ C ④ A	18. ②	28. ⑤
9. ②	19. ⑤	29. ② ④ ⑥
10. ⑤	20. ④	

Lösungen zum Musterprüfungssatz 3, Seite 75

1. ❷
2. ❶
3. ❺
4. ❷
5. ❸
6. ❷
7. ❶
8. 22.01.2020
9. 02.02.2020
10. 14.02.2020
11. 25.02.2020
12. ❸
13. ❶
14. ❸
15. ❺
16. ❸
17. ❹
18. ❺
19. ❶
20. ❷
21. ❸
22. ❺
23. ❷
24. ❶
25. ❹
26. ❺
27. ❷
28. ❸
29. ❶

Lösungen zum Musterprüfungssatz 4, Seite 80

1. ❺
2. ❸
3. ❹
4. ❷
5. Antrag: 5,
   Annahme des Antrags: 4,
   Zahlung: 3
6. ❸
7. ❹
8. ❺
9. ❷
10. rechtlich wirksam: 1,
    anfechtbar: 4,
    schwebend unwirksam: 3,
    nichtig: 2
11. Nr. 1: Öffentlicher Dienst

Nr.	Wirtschaftszweig	Ausbildungskosten pro Azubi in €	Erträge während der Ausbildung pro Azubi in €	Nettokosten der Ausbildung pro Azubi für ein Unternehmen in €
1	Öffentlicher Dienst	18 000	12 000	6000
2	Landwirtschaft	12 000	10 000	2000
3	Freie Berufe	13 000	9000	4000
4	Industrie und Handel	19 000	14 000	5000
5	Handwerk	14 000	13 000	1000

12. ❺
13. ❹
14. ❶
15. ❸
16. ❹
17. ❷
18. ❶
19. ❺
20. ❸
21. ❸
22. ❹
23. ❺
24. ❸
25. ❹
26. ❹
27. ❺
28. ❶
29. ❶D ❷C ❸B ❹E ❺A

Lösungen zum Musterprüfungssatz 5, Seite 87

1. ❹
2. ❸
3. ❷
4. ❶
5. ❷
6. ❸
7. ❹
8. ❸
9. ❺
10. ❶
11. ❸
12. ❶
13. ❸
14. ❹
15. ❺
16. ❸
17. ❸
18. ❺
19. ❹
20. ❶
21. ❷
22. ❸
23. ❺
24. 142,35 €
25. 60 %
26. ❹
27. ❺
28. ❶ ❸ ❻
29. ❷

Sachwortverzeichnis

Notizen